이석범의 탐라유사

제주 신화 1

차례
Contents

들어가며

신(神)들의 고향, 제주도에 가보셨는가? 무려 1만 8,000이나 되는 신들이 따뜻하게 맞이하고, 세상살이에 지친 가슴을 보듬어주는 걸 느끼셨는가?

제주도의 신들은 '꽃'과 '평화'를 사랑한다. 이 신들은 대개 사람으로 태어난 후 최고신 '천지왕'의 선택에 의해 신의 자리에 올랐기에, 자나 깨나 사람들의 온갖 걱정거리를 덜어줄 생각만 하고 있는 선량한 신들이다. 그래서 신들의 이야기는 '꽃'으로 넘친다. 이승과 저승을 누가 다스릴 것이냐는 엄청난 권력의 향배를 다툴 때도, 사람들한테 잉태를 주는 산육신(産育神)이 누가 될 것이냐 결정할 때도 신들은 다름 아닌 '꽃 가꾸기'로 승부를 가린다.

또한 이승도 저승도 아닌 신비스런 곳에 '서천꽃밭'이 자리하고 있고, 이 꽃밭에 각종 알록달록한 꽃들이 자라난다. 산육신 '삼승할망'이 사람들에게 아이를 점지할 때는 이 꽃밭의 '생불꽃'을 주고, 죽은 사람을 살릴 때는 누군가 이 꽃밭의 '도환생꽃'을 따다가 죽은 이 뼈 위에 올려놓으면 된다. 또한 나쁜 사람들을 단박에 죽어버리게 하는 '수레멜망악심꽃'도 있다. 세상을 평화롭게 하려면 때로 어쩔 수 없는 악한 들을 솎아낼 필요도 있는 것이니까. 이 서천꽃밭이야말로 신들이 행사하는 힘, 말하자면 우리 선조들이 그렇게 되었으면 하고 바라던 세상의 조화를 상징하고 있는 꽃밭인 셈이다.

물론 제주도 신화에는 '꽃'과 '평화'뿐만 아니라 질투하는 '구할망', 음모를 꾸미는 '3,000선비', 악랄한 의붓어미 '노일저대', 간악하고 탐욕스런 여인 '과양생이', 주인을 배신하는 '느진덕정하 님', 성적 욕망의 화신 '정수남이' 등등 사람들끼리 얽히고설키며 엮어내는 온갖 이야기가 다 들어 있다. 그러니 제주도 신화로 이야기하지 못할 인생의 오의(奧義)란 별로 없다 해도 과언이 아니다.

이처럼 다채로운 제주도 신들의 이야기는 오랫동안 심방(무당)들의 사설에 꽁꽁 숨어 있었다. 근래에 이르러서야 많은 연구자들의 노력으로 봉인이 풀리면서 이 신들의 정체가 조금씩 알려지게 된 것이다.

'제주 신화'에는 심방들의 사설을 뒤덮은 난해한 제주어의 장막을 걷어내고 소설적으로 재구성한 신화 열 편이 들어 있다. 이 책에 등장하는 신들은 올림포스 열두 신과 비견될 만한 신격(神格)을 지녔고, 각 편이 독립돼 있으면서도 느슨한 내부적 연결고리가 있어 전체를 읽으면 일종의 장편소설이 될 수 있도록 의도했다.

이 토종 신들의 이야기를 통해 잠시나마 삶의 위안을 얻고, 제주와 한국, 나아가 동아시아와 유라시아 공동문명의 뿌리를 확인해보시길 권한다.

2016년 1월

이석범/소설가

등장하는 신에 대한 간략한 소개

천지왕 하늘과 땅을 가른 천지창조의 신이며, '하늘궁전'에서 온 세상을 주재하는 주신(主神)이다. 사람들을 위해 여러 신들을 만들고 그들에게 적합한 신직(神職)을 부여했다. 천지왕의 두 아들인 대별왕과 소별왕은 각각 저승과 이승을 맡아 다스린다. 천지왕은 그리스 신화의 제우스와 비슷하면서도 사뭇 다르다.

삼승할망 산육신(産育神) '산신할미'가 제주도식으로 변한 이름이다. 서천꽃밭의 생불꽃으로 아이 없는 이들에게 아이를 점지해주고 열다섯 살이 되기까지 양육을 돕는다. 그 신업을 방해하는 자가 있으니, 삼승할망 되기 '꽃 가꾸기' 경쟁에서 패배한 동해 용왕 따님아기인 '구할망'이다.

꽃감관 할락궁이 서천꽃밭에는 살오를꽃·뼈오를꽃·웃음
웃을꽃·도환생꽃·수레멜망악심꽃·검뉴울꽃 등 신비한 꽃
들이 자란다. 할락궁이는 이 서천꽃밭 꽃밭지기인 사라도령
의 아들인데, 서천꽃밭의 꽃을 가져다 한스럽게 죽은 어머니
'원강암이'를 살려내는 무공을 세운 후 아버지 뒤를 이어 꽃
감관 자리에 오른다.

전상차지 가믄장아기 사람의 운명, 즉 잘되고 못 되는 모든
것을 '전상'이라 하고, 이 전상을 '운명의 신'인 가믄장아기
가 관장한다. 어린 시절 검은 나무바가지에 밥을 담아 먹여
길렀다 해서 '가믄장아기'란 이름이 붙었다. 가믄장아기는
부모 덕이 아니라 '내 복에 산다'고 거리낌 없이 주장하고 남
편감도 스스로 고를 정도로 적극적인 여신이다.

자청비 농경신이며 사랑의 신이기도 하다. 아름답고 활달
한 여성 자청비가 때로는 남장(男裝) 선비로, 때로는 여승으
로, 때로는 수많은 군사를 지휘하는 장수로 변신하는 등 우
여곡절 끝에 문 도령과의 사랑을 쟁취하는 과정이 드라마틱
하다. 제주도 신화 중에서는 가장 역동적이고 재미있는 이야
기로 꼽힌다. 그 재미를 돕는 인물 가운데 하나가 나중에 목
축(牧畜)의 신으로 좌정하는 자청비 집 억센 하인 '정이엇인
정수남이'다.

천지왕

하늘아, 머리를 들라

옛날에 하늘과 땅은 한 덩어리로 맞붙어 있었다. 세상은 캄캄한 어둠뿐이었다.

너무도 오랜 세월 어둠 속에 지내자니 천지왕은 무척 심심했다. 아름다운 세상을 만들어 신과 인간들이 더불어 살고 싶은 생각이 났다. 그리하여 이 혼돈천지에 개벽의 기운이 돌기 시작했다.

천지왕이 "하늘아, 머리를 들라" 하니, 하늘머리가 북동쪽으로 열렸다. 그러자 땅의 머리도 그 아래로 열리면서 하늘과 땅 사이의 금이 분명하게 나타났다. 이 금은 점점 더 벌어졌다.

하늘과 땅의 경계가 뚜렷해지자, 하늘에서는 청이슬이 내리고 땅에서는 까만 이슬이 솟아났다. 이 이슬들이 합수되어 만물이 생겨나기 시작했다. 땅에서는 산들이 치솟아오르고 물이 흘러내리며 깊은 계곡을 만들었다. 계곡물이 한데 모여 바다를 이루었다.

하늘과 땅 사이의 허공에서 색색의 안개가 피어올랐다. 안개들은 서로 합쳐지고 나뉘며 오색구름으로 변했다. 동쪽에는 파란 구름, 서쪽에는 흰 구름, 남쪽에는 붉은 구름, 북쪽에는 검은 구름, 그리고 가운데는 노란 구름이 떠서 오락가락했다.

천지왕은 각각의 구름 방향으로 맑은 기운을 뿜어냈다. 그 기운이 구름을 뚫고 나가 하늘의 별들로 박혔다. 동쪽에는 견우성, 서쪽에는 직녀성, 남쪽에는 노인성, 북쪽에는 북두칠성, 중앙에는 삼태성이 자리를 잡았다.

그러나 세상은 아직도 춥고 어두웠다.

천지왕은 해와 달을 두 개씩 만들어 땅 위를 환하고 따뜻하게 비춰주었다. 이리하여 땅에는 풀과 나무와 짐승과 사람이 살 수 있게 되었다.

그러나 아직 세상의 질서가 잡힌 것은 아니었다. 해와 달이 두 개씩이어서 낮에는 너무 덥고 밤에는 너무 추웠다. 풀과 나무와 짐승과 사람은 더워서 죽고 추워서 죽어갔다. 또한 사람이 말을 하면 나무가 대답하고, 나무가 말을 하면 짐승이 대답했다. 귀신과 사람의 구별도 없어서, 귀신 불러 사람 오고 사람 불러 귀신 오는 형국이었다. 땅 위는 뒤죽박죽 혼돈상태가 계속되었다.

수심에 잠긴 천지왕은 일단 저승세계를 따로 만들어 죽은 사람이 머물게 하였다. 저승 앞에는 안개 자욱한 서천강이 무섭게 소용돌이쳤다. 신들과 죽은 자들만이 드나들 수 있도록 한 것이다.

그러나 이 법도가 잘 지켜지지 않아 세상의 혼잡스러움은 여전했다.

"어찌해야 어지러운 세상의 질서를 잡을 것인가?"

걱정을 거듭하던 천지왕은 어느 날 꿈을 꾸었다. 하늘에 떠 있는 두 개의 해와 달을 하나씩 삼켜 먹는 꿈이었다. 꿈에서 깬 천지왕은 곰곰이 생각하다가 무릎을 쳤다.

"이는 길한 태몽이로다."

이 꿈이야말로 혼란한 세상의 질서를 바로잡을 귀동자를

얻을 꿈임이 틀림없었다. 천지왕은 이제 곧 땅 위로 내려가 총명한 부인과 배필을 맺고 귀동자를 얻으리라 생각하며 미소 지었다.

수명장자를 벌주다

땅에는 거부행세를 하며 사는 수명장자가 있었다. 욕심 많은 수명장자는 사람들을 괴롭혀서 재물을 많이 모았다. 밭은 끝이 보이지 않을 만큼 넓었고, 커다란 창고 속에는 금은 보화가 가득 쌓여 있었다. 소가 구백아흔아홉 마리, 말이 구백아흔아홉 마리, 개도 구백아흔아홉 마리였다. 방자해진 수명장자는 종종 큰소리를 쳤다.

"천지왕인들 나를 이길쏘냐!"

가난한 사람들은 끼니가 떨어지면 수명장자한테 가서 쌀을 꾸어야 했다. 쌀 한 되를 꾸면, 수명장자는 쌀에다 흰 모래를 반쯤 섞어 한 되를 채워주었다. 그 쌀을 아홉 번, 열 번 깨끗이 일어 밥을 지어도 첫 숟가락에 당장 돌을 씹을 수밖에 없었다. 좁쌀을 꾸러 가면 검은 모래를 섞어주고, 작은 말로 꾸어주었다가 돌려받을 때는 큰 말로 되받으면서 수명장자는 부자가 된 것이었다.

수명장자는 가난한 사람들을 빌려서 김을 맸는데, 이 집 딸들은 점심에 맛좋은 간장은 자기네만 먹고 놉들에겐 고린 간장을 먹였다. 수명장자의 아들들도 고약했다. 마소의 물을 먹여오라 하면, 말발굽에 오줌을 싸서 물통에 들었던 것처럼 보이게 해놓고는 물을 먹여왔다고 속여 마소를 목마르게 했다.

수명장자와 그 아들딸에 대한 사람들의 탄식과 원성은 하늘에까지 울려퍼졌다.

"천지왕께서 우리를 버리셨다!"

지상의 울부짖음을 들은 천지왕은 분개하지 않을 수 없었다.

"괘씸하다, 수명장자! 저 무뢰한을 당장에 처단하리라! 벼락장군은 들라. 우레장군은 들라. 화덕진군은 들라."

천지왕은 벼락장군·우레장군·화덕진군을 거느리고 땅 위로 내려왔다.

수명장자의 집에서는 소 아흔아홉 마리, 말 아흔아홉 마리, 개 아흔아홉 마리가 한꺼번에 달려나오며 천지왕 일행을 막아섰다. 개들은 짖고, 말들을 발길질을 하고, 소들은 뿔을 세워 받으려 했다.

천지왕은 우선 흉험을 내려 수명장자를 혼내주기로 했다.

수명장자 집 부엌에 갑자기 개미들이 들끓기 시작했다.

비복들이 놀라서 수명장자한테 달려와 말했다.

"솥 앞으로 개미가 기어다닙니다."

수명장자는 놀라지 않았다.

"그게 무슨 큰일이냐. 호들갑 떨지 마라."

이번에는 집이 폐가가 된 듯 습기가 차고 용달버섯이 무수히 생겨났다.

"집 뒤에 용달버섯이 생겨났습니다."

"허, 반찬이 떨어져가니 초기버섯 대신 용달이 나는구나. 반찬으로 볶아라."

수명장자의 기세는 당당했다. 천지왕은 큰 솥들이 마당으로 나와 들썩거리게 했다.

"큰 솥들이 저 올레에서 엉기덩기 춤추며 다니고 있습니다."

"매일 방에 불을 때놓으니 솥들도 더위 먹어 식히러 갔을 터이다."

천지왕은 이번에는 가축들이 미쳐 날뛰게 했다.

"황소가 지붕 위를 넘나들고 있습니다."

"잘 먹이니 힘이 넘치는 모양이구나."

아무리 흉험을 내려도 수명장자는 끄떡하지 않았다. 천지왕은 우레장군을 시켜 수명장자의 머리에 쇠철망을 씌우도록 했다. 쇠철망이 머리를 옥죄자 수명장자는 아들들한테 말했다.

"내 머리가 너무 아프니 도끼로 깨부수거라!"

아들들이 머뭇거리자 수명장자는 하인들에게 다시 명령했다.

"내 머리를 도끼로 찍어라!"

하인들은 도끼를 든 손을 부들부들 떨며 울상을 지을 뿐이었다.

천지왕은 수명장자의 언행에 마침내 분노가 폭발했다.

"벽력장군은 이놈의 집에 벼락을 때리고, 화덕진군은 큰불을 질러라."

벽력장군이 두 손을 모으니 하늘에서 우지끈 벼락이 떨어지고, 화덕진군이 양팔을 벌리자 불씨들이 수명장자의 집으로 달려들었다. 천지왕은 바람을 일으켜 수명장자의 궁궐 같은 집을 한순간에 잿더미로 만들어버렸다.

수명장자는 머리에 씌운 쇠철망이 점점 조여드는 고통 속에 오래오래 살도록 했다.

천지왕은 그 아들딸들한테도 벌을 내렸다. 딸들은 가난한 사람들을 고약하게 학대했으니 꺾인 숟가락을 하나씩 엉덩이에 꽂아 팥벌레의 몸으로 환생시켜버리고, 아들들은 마소의 물을 굶겨 목마르게 했으니 솔개 몸으로 환생시켜 비 온 뒤에 꼬부라진 주둥아리로 날개의 물을 핥아먹도록 했다.

천지왕에 의해 여러 가지 법이 마련되자 땅 위는 오랜만에 평화로웠다.

우리 아버지는 어디 있나요?

천지왕은 벽력장군·우레장군·화덕진군을 데리고 지상세계를 돌아다녔다. 땅 위에 사는 여자 중에 가장 슬기롭고 마음이 착한 사람을 찾아 배필로 삼기 위해서였다. 오래지 않아 적당한 여자가 나타났다. 세상에 향기로운 소문이 자자한 총명부인이었다.

천지왕은 길일을 받아 총명부인과 성대한 결혼식을 올렸다. 총명부인은 천지왕을 극진하게 공경하였다. 참으로 달콤한 나날들이었다.

그러나 천지왕은 하늘나라를 오래 비워둘 수 없었다. 천지왕과 총명부인은 슬픔을 달래며 헤어져야만 했다.

"아들 형제를 낳을 것이니, 이름을 각각 대별왕과 소별왕으로 지으시오."

이렇게 말하고 훌쩍 떠나려는 천지왕을 총명부인이 붙잡았다.

"이대로 헤어지면 언제 다시 만날 수 있겠습니까? 또한 아이들이 태어나면 아버지를 누구라 말하겠습니까?"

총명부인은 나중을 위해 무엇이든 신표를 남겨달라고 울며 애원하였다.

천지왕은 총명부인의 몸에서 잉태될 귀동자들이 혼란한 세상의 질서를 바로잡을 존재임을 새삼 깨달았다.

"부인, 아들들이 나를 찾거든 이걸 심으시오. 그러면 알게 되리다."

이렇게 말하며, 총명부인에게 영롱한 빛이 나는 박씨 두 개를 내주었다. 그러고는 장군들을 거느리고 표표히 하늘궁전으로 떠나갔다.

과연 그달부터 총명부인 몸에 태기가 있었고, 다시 몇 달이 지나자 쌍둥이 아들 형제를 낳게 되었다. 총명부인은 천지왕의 말대로 첫째는 대별왕, 둘째는 소별왕이라 이름지었다.

쌍둥이 형제는 하루가 다르게 무럭무럭 자랐다. 글공부할 나이가 되자, 쌍둥이는 똑같이 서당에 다녔다. 한번 읽은 글은 잊는 법이 없었고, 하나를 가르치면 백을 알아들었다. 활솜씨 또한 뛰어나서 다들 신동이라 감탄했으나, 친구들은 쌍둥이 형제를 시기했다.

"아비 없는 호래자식들!"

이 말에는 아무리 기세 좋던 이들 형제도 풀이 죽을 수밖에 없었다.

"어머니, 우리 아버지는 어떤 분입니까?"

어느 날 밤 쌍둥이 형제는 총명부인에게 자기들 아버지를 찾게 해달라고 졸랐다. 때가 되었음을 깨달은 총명부인은 아들들한테 지난 이야기를 모두 들려주었다.

형제는 그 박씨를 양지바른 곳에 묻었다. 박씨는 곧 싹을 틔웠고, 순식간에 하늘 높은 곳을 향해 쑥쑥 덩굴을 뻗어나갔다. 뻗어가는 덩굴을 따라 흰 꽃들이 무수히 피어나는 것이 하얀 나비들이 떼 지어 하늘을 향해 날아오르는 것 같았다. 아버지 천지왕이 박씨를 주고 간 것은 이 덩굴을 타고 하늘로 찾아오라는 뜻임을 알 수 있었다.

쌍둥이 형제 대별왕과 소별왕은 박덩굴을 타고 하늘로 올라갔다. 덩굴은 웅장한 하늘궁전의 깊은 곳까지 곧장 이어져 있었다.

천지왕은 벽력장군·우레장군·화덕진군을 거느린 채 형제가 덩굴을 타고 올라오는 것을 바라보고 있었다.

"너희들은 누구인가?"

대별왕과 소별왕은 천지왕 앞에 무릎을 꿇었다.

"저희는 총명부인의 아들로서, 이 세상을 관장하시는 아버지 천지왕을 찾아왔습니다."

천지왕은 늠름하게 자란 아들들을 보니 흐뭇했으나, 짐짓 모르는 체하며 말했다.

"너희가 진정 이 천지왕의 아들이라면 특별한 능력을 지니고 있을 터인즉, 그것을 증명해 보이거라."

천지왕은 무게가 천 근인 활과 화살을 가져오게 했다.

"이것으로 해와 달을 하나씩 쏘아 없애라."

아직도 한 하늘에 해가 둘이요 달도 두 개여서, 사람들은 낮에는 햇볕에 말라 죽고 밤에는 달빛에 시려 죽어가고 있었다.

해와 달을 쏘다

대별왕과 소별왕은 우레장군의 호위를 받으며 지상의 동쪽 끝으로 날아갔다. 그들이 날아가는 동안 하늘에는 천둥소리가 요란하였다.

천 근 활에 천 근 살을 매긴 대별왕은 처음 떠오르는 해를 놔두고 뒤에 떠오르는 해를 향해 힘껏 시위를 당겼다. 화살은 하늘을 가로질러 해의 가운데를 정확히 꿰뚫었다. 해는 산산조각이 나면서 동쪽 하늘의 별들로 박혔다.

다시 대별왕과 소별왕은 우레장군을 따라 서쪽 끝으로 날아갔다. 이번에는 소별왕이 천 근 활에 천 근 살을 매기고 두 번째 떠오르는 달을 향해 시위를 당겼다. 화살이 둥근 달의 복판을 꿰뚫는 순간, 잘게 부서진 달은 서쪽 하늘의 수많은 별들로 박혔다.

해와 달이 하나씩 없어지자 세상은 훨씬 살기가 좋아졌다.

천지왕은 하늘궁전으로 돌아온 대별왕과 소별왕을 껴안 으며 기뻐했다.

"너희들은 진정 내 아들이다. 이제 이승과 저승을 각각 맡 아 다스리거라."

이승은 누구나 욕심을 낼 만한 곳이었다. 소별왕은 어떻 게든 이승을 차지하고 싶었다. 소별왕은 형인 대별왕에게 제 의했다.

"형님, 우리 수수께끼 해서 이기는 쪽이 이승을 맡아 다스 리는 게 어떻겠습니까?"

동생의 말에 형은 선선히 따랐다.

"그러면 그리해라."

수수께끼는 형이 먼저 시작했다.

"사랑하는 아우야, 어떤 나무는 주야평생 잎이 안 지고 어 떤 나무는 잎이 지느냐?"

"마디가 짧은 나무는 잎이 안 지고 속이 빈 나무는 잎이 집니다."

"아니다. 청대 갈대는 마디마디 속이 비어 있어도 잎이 안 진다."

첫 문제에 소별왕이 졌다. 형이 다시 수수께끼를 냈다.

"사랑하는 아우야, 어찌하여 동산 위의 풀은 짧은데 구렁의 풀은 무성하게 잘 자라느냐?"

"3, 4월 봄비에 동산의 흙이 씻겨 낮은 쪽으로 흘러내려가는 바람에 구렁의 풀이 긴 것입니다."

"그렇다면 왜 사람의 머리털은 높은데 길고, 발등의 털은 낮은데도 짧은 것이냐?"

아우는 말문이 막혔다. 대별왕의 지혜를 따를 수 없겠다고 판단한 소별왕은 다른 꾀를 내었다.

"형님, 그러지 말고 서로 꽃을 심어 잘 키운 사람이 이승을 맡아 다스리는 게 어떻겠습니까?"

대별왕은 역시 선선히 응했다.

"그러면 그리하자."

그들은 화덕진군이 땅속 깊숙한 데서 가져온 꽃씨들을 하늘궁전의 화단에 정성껏 심었다. 화단은 이 세상처럼 둥근 모양인데 검은색·붉은색·회색 흙이 고루 섞인 채 깔려 있었고, 테두리에는 은빛 돌들이 촘촘히 박혀 있었다.

꽃씨들은 곧 싹이 트고, 줄기가 뻗고, 꽃을 피우며 한시가 다르게 자라났다. 그러나 이번에도 소별왕의 꽃은 형의 것보다 아름답지 않았다. 이 내기에도 질 것이 뻔하자, 소별왕은 다시 꾀를 냈다.

"형님, 꽃이 다 피려면 한참 걸릴 터이니 그동안 한잠 자고 일어납시다."

관후한 대별왕은 미소를 띠며 아우의 제의를 받아들였다.

"그럼 그렇게 하자꾸나."

대별왕이 깊이 잠든 사이 소별왕은 슬쩍 꽃을 바꿔 심어 버렸다. 잠이 깨었을 때 대별왕은 꽃이 서로 바뀐 것을 알았으나 그대로 두었다. 약속대로 이승은 아우인 소별왕이 차지하게 되었다.

"사랑하는 아우야, 이승을 차지하여 다스려라. 하지만 이승에는 어려운 일이 많을 것이다. 살인과 도둑질이 그칠 날 없고, 사람들은 서로 미워하고 시기하며 삶을 탕진할 것이다. 이들을 잘 다스려 사랑이 가득 찬 곳으로 만들어보아라."

대별왕은 아우에게 이렇게 당부했다. 그리고 형제는 헤어져 각각 자기가 다스릴 곳으로 떠났다.

대별왕은 저승을 잘 다스려 저승법은 맑고 공정했다. 그러나 영악한 소별왕이 다스리는 이승은 여전히 살인과 도둑질이 그치지 않고, 사람들은 서로 미워하고 시기하며 소란한 삶을 살게 되었다.

삼승할망

바다의 주인은

소별왕이 이승을 차지하고 대별왕은 저승을 차지하게 되었지만, 아직 바다에는 주인이 없었다.

동쪽 바다에는 동해 용왕, 서쪽 바다에는 서해 용왕, 남쪽 바다에는 남해 용왕이 각각 살고 있었다. 이들은 서로 바다를 송두리째 장악하기 위해 늘상 싸움을 벌였고, 이 때문에 바다는 한시도 평온한 날이 없었다.

가장 힘이 센 것은 서해 용왕이었다. 한차례 싸움이 끝나면 동해 용왕과 남해 용왕은 번번이 서해 용왕에게 눌려 깊은 바닷속으로 도망치기 바빴다. 남해 용왕은 진즉에 역부족을 시인했으나, 동해 용왕만은 서해 용왕을 이길 방법을 찾느라 날마다 고민을 했다.

이때 지상에는 거인 왕장군이 살고 있었다. 왕장군은 우람한 나무들이 들어찬 숲 속에서 나무를 베어다 팔면서 살아가고 있었다.

왕장군이 나무를 베면, 나무 쓰러지는 소리로 용궁이 흔들릴 정도였다. 용궁은 땅에서는 매우 먼 거리에 있었다. 용궁물은 바다 밑에서 3년, 바다 위에서 3년, 그리고 물가에서 3년을 더 흘러가야 비로소 육지에 닿을 수 있는 것이다. 이러하니 용궁이 울릴 정도면 왕장군이 얼마나 큰 나무들을 쓰러뜨리는지 짐작할 수 있었다.

"이게 웬 소리냐?"

어느 날 용궁이 몹시 흔들리자 동해 용왕이 신하들에게 물었다.

"땅 위에서 왕장군이 나무를 베어 쓰러뜨리는 소리입니다."

"그래?"

동해 용왕은 왕장군의 놀라운 힘이 부러웠다. 그러고는 퍼뜩 이 왕장군을 잘 설득하면 서해 용왕과의 싸움에 활용할 수 있지 않을까 하는 생각이 들었다.

"어서 땅 위로 가서 왕장군을 모셔오도록 하라."

왕장군이 숲 속에서 나무를 베는데 한 초립동이 나타났다.

"저는 동해 용왕의 사신입니다. 동해 용왕과 서해 용왕이 싸움을 하는데 매양 우리가 싸움에서 지니 왕장군께 도움을 청하러 왔소이다."

왕장군이 답하기를,

"나는 세상에 무서운 것이 없는데, 단지 바닷물만은 무섭네. 그러니 어찌 바닷속으로 들어갈 수 있겠는가?"

"저하고 같이 간다면 아무 문제가 없을 것입니다."

왕장군은 자기가 지닌 엄청난 힘으로 고작 숲 속에서 매일처럼 나무나 해야 하는 신세가 못마땅하기도 했다.

"정말인가? 그러면 대체 나를 어떻게 동해 용궁까지 데려갈 생각이냐?"

"그거야 걱정 마십시오."

초립동은 왕장군을 업고 바닷속으로 들어갔다. 초립동이 들어서자 바다가 쩌억 갈라지며 물길이 활짝 열렸다. 왕장군을 업은 초립동은 물길을 따라 나는 듯이 용궁으로 달렸다.

왕장군을 맞이한 동해 용왕이 기뻐하며 말했다.

"잘 왔소, 왕장군! 내일 서해 용왕과 싸움을 할 것인데, 내가 짐짓 지는 체하며 물속으로 들어가면 서해 용왕이 물 위에서 이긴 것을 뽐낼 것이니, 그때 화살을 쏘아 죽이시오."

다음 날 동해 용왕은 서해 용왕에게 싸움을 걸었다. 두 용왕은 바닷속과 바다 위를 숨 가쁘게 오가며 대접전을 벌였다. 온 바다가 용광로처럼 부글부글 끓었다.

이날도 서해 용왕이 우세했다. 동해 용왕은 싸우다가 힘이 다한 듯 물속으로 숨어들어갔다. 물 위에 혼자 남은 서해 용왕은 우렁차게 울부짖으며 위세를 뽐내었다. 이때, 천 근 활에 천 근 살을 매긴 왕장군이 힘껏 시위를 당겼다. 번개처럼 날아간 화살은 서해 용왕이 포효를 내뿜고 있는 입안에 정통으로 박혔다. 순간 숨이 막힌 서해 용왕은 바닷속으로 맥없이 곤두박질쳤다.

큰 상처를 입은 서해 용왕이 패배를 인정하자, 이때부터 세상의 모든 바다는 동해 용왕이 다스리게 됐다.

동해 용왕은 왕장군을 위해 큰 잔치를 베풀고 승리를 자축했다. 그리고 왕장군과 그 자식들을 병사와 벼슬의 신인 군웅(軍雄)이 되어 살게 했다.

동해 용왕이 딸을 얻다

바다를 차지한 동해 용왕은 서해 용왕의 딸을 취해 배필로 삼았다. 그러나 아무리 세월이 흘러도 아이가 태어나질 않았다. 후사를 걱정한 부부는 매일 동관음사에 가서 석 달 열흘 백일기도를 정성껏 올렸다.

얼마 안 있어 용궁부인에게 태기가 있었다. 아홉 달 아흐레 만에 태어난 것은 귀여운 딸아기였다.

그러나 이 아기는 태어난 날부터 아홉 살이 되도록 날마다 울기만 하고 말썽만 부렸다.

한 살 때는 어머니 젖가슴을 때렸고 두 살 때는 아버지 수염을 뽑았다. 세 살 때는 곡식을 흩어 먹지 못하게 했다. 네 살 때는 애써서 심어놓은 모종을 뽑아버렸다. 다섯 살부터는 말을 익히니 노상 거짓말만 하여 사람들을 괴롭히는 걸 즐거움으로 삼았다. 나쁜 말을 동네방네 옮겨 불목하게 하고, 근거 없는 모함으로 사람들을 못살게 굴었다. 여섯 살에는 부모한테 말대꾸를 하기 일쑤였고, 일곱 살에는 웃어른에게 욕을 해댔다. 여덟 살에는 곡식을 심어놓은 밭담을 무너뜨렸으며, 아홉 살에는 말 모르는 짐승을 때리는 죄를 지었다.

이렇게 죄목이 많아지니 용궁 사람들의 원성이 높아만 갔다. 아버지 동해 용왕은 이 딸을 죽이기로 작정했다.

딸의 목숨이 위태로워지자 용궁부인이 눈물을 흘리며 남편을 말렸다.

"내 속으로 난 자식, 어찌 내 손으로 죽일 수 있으오리까. 차라리 무쇠함에 태워서 바다에 띄워 버리는 게 어떻겠습니까?"

딸아이를 어떻게든 인간세상으로 보내어 살리려는 심산이었다. 차마 자기 자식을 제 손으로 죽일 수는 없었던 터라 동해 용왕도 선선히 부인의 뜻에 따랐다.

"그럼, 그건 그리하오."

용궁을 쫓겨나게 된 따님아기는 눈앞이 캄캄했다. 자기가 들어갈 무쇠함 앞에 서자, 따님아기는 절로 목이 메어 울부짖듯 물었다.

"어머님아, 난 인간에 가서 무슨 일을 하며 살아갑니까?"

"인생세간에 아직 생불왕(生佛王)이 없으니, 생불왕으로 들어서서 얻어먹고 살길을 마련하거라."

생불이란 곧 잉태를 말함이니, 용궁부인은 딸아이한테 산신(産神)인 삼승할망이 되라는 것이었다. 천지개벽은 되었으나 사람들이 많지 않은 때라 집안마다 자손을 내려 인간을 번성시킬 신이 필요했다.

"생불은 어떻게 주며, 환생은 또 어떻게 시킵니까?"

"네 손이 사람 몸에 닿으면 그게 곧 생불을 주는 것이다. 그 후 아버지 몸에 흰 피 석 달 열흘, 어머니 몸에 검은 피 석 달 열흘…… 아홉 달 열 달 준삭(準朔)하면 해복시키거라."

"해복은 어디로 시킵니까?"

"해복은……."

부인이 어디로 해산시키는지를 말하려는 찰나, 동해 용왕의 벼락같은 호령이 떨어졌다.

"무슨 말들이 그리 많으냐? 어서 띄워 보내거라!"

따님아기가 무쇠함 안에 담겨지자 뚜껑이 철커덕 닫히고 말았다.

생불왕이 되러 왔소

무쇠함이 동해 바다에 띄워지니 물속에서 3년, 물 위로 올라와서도 3년, 물가에 닿아서도 3년, 꼬박 아홉 해 동안을 헤매었다. 따님아기는 어느덧 열여덟 살 처녀가 되었다.

작은 너울 큰 너울에 휩쓸려 하염없이 떠다니던 상자는 금백산 앞바다에 이르렀을 때 큰 파도에 떠밀려 비로소 육지로 올려졌다.

어부들이 몰려들어 용궁에서 온 보물상자라며 좋아했다. 모두 힘을 합쳐 육중한 무쇠함을 여니, 웬걸. 생전 처음 보는 아리따운 아가씨가 그 안에 앉아 있는 것이었다. 앞이마는 해님이요 뒤통수는 달님 같았고, 두 어깨에는 은하수 별빛들이 오송송이 박혀 있는 듯했다.

"너는 귀신이냐, 사람이냐?"

"나는 동해 용왕의 딸로서, 인생세간에 생불왕이 없다 하니 생불왕이 되러 왔습니다."

그 말을 듣고 한 늙은 어부가 나섰다.

"오, 그러거든 우리 부부간에 50이 넘도록 아이가 없으니 어디 한번 생불을 주어보겠느냐?"

"어서 그리하십시다."

선선히 대답한 동해 용왕 따님아기는 곧 늙은 어부의 집으로 안내되었고, 그 부인에게 어머니가 가르쳐준 대로 생불을 주었다. 생불을 줘보니 그리 어려운 일도 아니었다.

이때부터 따님아기는 동서남북 사해팔방 이십사방 산천을 돌아다니며 집에서건 뭍에서건 산중에서건 들판에서건 아무 데서나 생불을 주었다.

그러나 아버지 동해 용왕의 호령 때문에 잉태시키는 법만

배우다 만 따님아기는 그다음을 어떻게 해야 할지 몰랐다.

시간이 흘러 늙은 어부의 부인은 아홉 달 열 달 만삭이 되었으나 딱하게도 따님아기는 어디로 해산을 시켜야 하는지 알 수 없었다.

열한 달이 지나고, 열두 달이 넘어갔다. 이젠 뱃속의 아이보다 산모가 사경에 이르렀다. 늙은 어부의 부인은 물론 들판에서 노닐다가 느닷없이 생불을 받고 잉태한 젊은 아가씨, 죽을 날이 낼모레인 70 노파들이 풍선처럼 부풀어 오른 배를 감싸 쥐고 "나 죽는다" 비명을 질러댔다. 동해 용왕 따님아기는 덜컥 겁이 났다. 어떻게든 해산을 시켜야 한다.

따님아기는 은가위를 가져다가 늙은 어부의 부인 오른쪽 겨드랑이를 솜솜 뜯어 아이를 꺼내려 했다. 겨드랑이를 뜯고 나니 그야말로 큰일이었다. 아이는커녕 피만 콸콸 쏟아지고 부인도 아이도 다 죽을 판이었다.

벌여놓은 일을 감당할 수 없게 되자, 동해 용왕 따님아기는 어부의 집을 빠져나와 무작정 연못가로 달렸다. 연못가 수양버들 밑에 털썩 주저앉은 따님아기는 하염없이 눈물만 흘릴 뿐이었다.

"어머님아, 난 이제 어찌합니까?"

비새들이 서너 마리 날아와 따님아기 주위를 맴돌며 따라 울었다.

그사이에도 열 달을 채우지 못하고 댓 달 만에 저절로 나와버린 아기, 여섯 달쯤 돼 겉모양만 겨우 갖춘 채 핏덩이로 떨구어지는 아기들 때문에, 어미 살면 아기 죽고 아기 살면 어미들이 죽어갔다. 사람을 번성시키려다가 되레 있는 사람마저 다 죽여갈 판이었다.

어부를 비롯한 마을사람들은 이 원통하고 다급한 사정을 호소하기 위해 금백산에 올랐다. 요령을 흔들어 천지왕한테 신원하려는 것이었다. 요령 소리는 곧 천지왕의 귀에 들렸다.

천지왕은 지부사천왕을 불러 이유를 알아올리도록 했다.

그간의 사정이 낱낱이 보고되자, 천지왕은 탄식하며 말했다.

"어허, 딱한지고! 어느 누구 인간에 생불왕으로 들어설 만한 이가 없겠느냐?"

즉시 지부사천왕의 추천이 올라왔다.

"인간에 명진국 따님아기가 있사온데, 탄생일이 병인년 병인월 병인일 병인시 정월 초사흗날입니다. 부모에 효도하고 일가 화목하니 이 아기씨를 생불왕으로 들여세움이 어떻겠습니까?"

"그럼, 그리하도록 하라."

천지왕은 화덕진군을 사자로 보내 명진국 따님아기를 데려오게 했다.

명진국 따님아기

명진국 따님아기가 노각성자부줄을 타고 하늘로 올라 천지왕 앞에 엎디었다. 천지왕은 명진국 따님아기가 머리를 땋아 등 뒤로 늘어뜨린 양을 보고는 마음을 떠보느라 짐짓 야단을 쳤다.

"총각머리 등에 진 처녀가 어찌 감히 대청 한가운데로 들어오느냐!"

"소녀도 아뢸 말씀이 있사옵니다. 남녀가 유별한데 어인 일로 총각 찬 처녀를 일부러 부르셨습니까?"

"호오, 과연 당차고 영특하구나. 그만하면 생불왕으로 들어설 만하다."

천지왕은 전후 사정을 얘기한 후 즉시 인간에 생불왕으로 내려가라고 말했다.

"천지왕께서 절보고 생불왕이 되라 하시나, 철없고 미욱한 소녀가 어찌 생불을 주고 환생 주는 법을 알 수 있겠습니까?"

그러자 천지왕이 말한다.

"아비 몸에 흰 피 석 달 열흘, 어미 몸에 검은 피 석 달 열흘, 살 살려 석 달, 뼈 살려 석 달, 아홉 달 열 달 준삭하면 아기엄마 느슨한 뼈 빳빳하게 하고 빳빳한 뼈는 늦추어 열두 궁문(宮門)으로 해복시키라."

명진국 따님아기는 천지왕의 분부대로 생불왕이 되어 내려서게 되었다. 하얀 몸을 우선 물색 명주속곳으로 가리고, 흰색 바지에 자주색 홑단치마·남색 저고리를 차례차례 갖춰 입은 후, 한 손에는 번성꽃 한 손에는 환생꽃을 드니, 영락없는 생불왕이었다. 4월 초파일, 눈부시게 차린 명진국 따님아기는 흰 구름이 안내하고 파란 구름이 옹위하는 가운데 노각성자부줄을 타고 인간세상으로 내려왔다.

인간에 내려서자마자 명진국 따님아기는 여기저기서 사람 살리라는 비명을 들었다. 배가 항아리만 한 여인네들이 가쁜 숨을 몰아쉬고 진땀을 흘리며 내지르는 소리였다.

따님아기는 즉시 여인네들의 느슨한 뼈는 빳빳하게 하고 빳빳한 뼈는 늦추어서 열두 궁문으로 해복시켰다. 은가위로 탯줄을 자르고 명(命)실로 잘 맨 후 아이를 따뜻한 물에 목욕시켰다. 유모를 불러 젖을 먹이게 하고 산모에게는 미역국을 먹였다. 3일 후에 태를 불사르고 산모를 쑥물에 목욕시켰으며 아기에겐 배내옷을 입혔다. 명진국 따님아기의 도움으로 태어난 아이들은 7일 만에 앉고 100일 만에 엎드리며 방긋 방긋 웃었다.

이때 갑자기 동해 용왕 따님아기가 달려와 불같이 화를 내며 삿대질을 해댔다.

"내가 생불한 아기를 어느 년이 와서 함부로 거둬들이느냐!"

동해 용왕 따님아기는 명진국 따님아기의 머리채를 감아쥐고 마구 때리며 난리를 피웠다.

명진국 따님아기는 너무도 억울하여 금백산에 올라 천지왕에게 하소연했다.

"인간에 이미 생불왕이 있는데, 어이하여 저를 다시 보내셨습니까?"

난처해진 천지왕은 두 따님아기 중 누가 생불왕에 합당한지 시험을 통해 가리기로 했다. 노각성자부줄을 내리고 그들을 하늘궁전에 올라오도록 했다.

"여기 꽃씨 두 개를 나누어줄 터인즉, 하늘궁전 모래밭에 각각 꽃씨를 심어라. 누구의 꽃이 더 번성하는가를 가려 생불왕으로 삼도록 하리라."

두 따님아기는 모래밭에 꽃씨를 심었다. 곧 움이 돋고 가지가 뻗어갔다. 꽃을 먼저 피운 이는 동해 용왕 따님아기였다. 그러나 이윽고 벌레가 꼬이더니 시들기 시작했다. 명진국 따님아기의 것은 처음에는 연약했으나, 나중에 4만 5,600개로 뻗어나간 가지로부터 아름다운 꽃들이 피어나 번성했다.

이를 보고 위기를 느낀 동해 용왕 따님아기가 거세게 항의했다.

"제가 먼저 인간세상에 와 많은 고생을 했는데, 손가락에 피 한 방울 묻히지 않은 이가 어찌 공을 가로챌 수 있겠습니까?"

천지왕은 이번에는 두 따님아기의 지혜를 시험하기로 했다. 동해 용왕 따님아기한테 먼저 물었다.

"동으로 뻗은 가지를 무엇이라 하느냐?"

"동가지 서가지 남가지 북가지입니다."

그 대답에 천지왕은 어이없는 표정을 지었다.

"그러면 아기의 씨를 놓을 적엔 어디서 놓겠느냐?"

"사람들이야 남녀 불문하고 나이 불문하고 그저 동하기만

하면 그만이니, 산에서든 들에서든 아무 데서나 씨를 놓아주겠습니다."

"몇 개월을 잉태시키겠느냐?"

"바쁘면 서너 달, 늦으면 열두 달입니다."

"아이를 해산시키려면 어떻게 하겠느냐?"

"그야, 잘 드는 가위로 겨드랑이를 솜솜 뜯거나, 아니면 배꼽줄을 따라 북 찢어서……."

"그만두어라!"

천지왕은 동해 용왕 따님아기의 무지에 역정이 났다.

명진국 따님아기한테 묻기 위해 고개를 돌려보니, 4만 5,600의 가지들에는 벌써 탐스러운 열매가 주렁주렁 매달리고 있었다.

"동으로 뻗은 가지를 무엇이라 하느냐?"

"동청목이라 합니다."

"자식을 놓을 땐 어떤 데서 놓겠느냐?"

"반드시 집 안에서 남모르게 놓겠습니다."

"몇 개월을 잉태시키겠느냐?"

"보통은 아홉 달하고도 7일, 늦어도 열 달 만에는 해산시키겠습니다."

"해산할 땐 어떻게 하겠느냐?"

"아기 낳는 어멍의 열두 몸뼈를 골고루 주물러주고, 아기

낳는 어멍보다 제가 더 땀을 흘리며 궁문을 열겠습니다."

"궁문을 나올 때, 아기 머리는 어느 방향을 향하게 하겠느냐?"

"아기 머리는 천지중앙을 향하면 만과출신하고, 동쪽으로 향하면 부자가 되며, 서쪽이면 가난하고, 남쪽으로 돌면 장수하고, 북쪽이면 단명한다 하옵니다. 소녀, 가능한 한 천지중앙이나 동쪽 남쪽으로 아기 머리를 돌리도록 애쓸 터이나, 얼굴이 그렇듯 궁문도 사람마다 제각각이라 그것만큼은 태어나는 아기의 운명에도 절반을 맡기도록 하겠습니다."

"아기를 낳으면 어떻게 처리하겠느냐?"

"우선 은가위로 탯줄을 세 치 반으로 끊어 명실로 매고, 아기를 목욕시킨 후 젖을 내려주면 좋을 것입니다. 탯줄은 사흘을 두었다가, 아기가 태어난 땅에 불사르도록 하겠습니다."

"그럼, 태를 사른 땅이 곧 아기가 태어난 땅을 일컫겠구나."

"그러하옵니다."

"그 일들을 과연 혼자서 할 수 있겠느냐?"

"황송하오나, 혼자서 하기 버겁습니다. 그러하니 구덕할망·업저지·넋할망·침하르방 등등 골고루 갖추어서 인간에 내려보내야 옳을 듯하옵니다."

명진국 따님아기의 막힘없는 대답에 천지왕은 대단히 흡족해했다.

"명진국 따님아기는 인간세상에 생불왕으로 가라. 동해 용왕 따님아기는 서천꽃밭으로 보내라."

그러자 동해 용왕 따님아기가 화를 벌컥 내며 대들었다.

"저는 싫습니다! 그동안 인간세상에 정들었습니다. 귀신들이나 사는 서천꽃밭으로는 가기 싫습니다."

그러면서 동해 용왕 따님아기는 명진국 따님아기의 꽃들을 마구 꺾어버리는 것이었다.

"네년이 해산시킨 아기가 태어나서 100일이 지나면 경풍, 경세, 홍살, 늦은마(魔), 빠른마, 위로 구토, 아래로 설사 등등 온갖 병이 들게 하겠노라!"

동해 용왕 따님아기의 눈에 핏발이 선다.

"그뿐인 줄 알아? 아기가 앉을 만하게 되면 밀어버리고, 문지방이라도 넘을 만하면 뒤집어버리고, 마당에서 놀 만하면 높은 나무에 올라가라 올라가라 한 다음 떨어지게 하고 말 것이다!"

명진국 따님아기는 어떻게든 동해 용왕 따님아기를 달래지 않으면 안 되겠다고 생각했다. 그동안 정든 땅이니, 동해 용왕 따님아기도 틈틈이 세상을 돌아보며 상을 받도록 해

배고픔은 면하게 하려는 것이다.

"아기가 나오면 너를 위해 폐백과 좋은 음식을 차려줄 터이니, 우리 서로 도우면서 살자꾸나."

사정조로 끈질기게 타이르자, 마침내 두 따님아기 사이에 합의가 이루어졌다. 그 후 새로 태어난 아기가 앓으면 사람들은 동해 용왕 따님아기를 위해 닭이며 쌀이며 옷이며 돈이며 놓인 상을 차려 올리게 되었다.

이로써 명진국 따님아기는 삼승할망으로 인간세상 아기들의 산육신이 되었고, 동해 용왕 따님아기는 병을 앓다 죽어 저승에 간 아기들의 영혼을 차지하는 저승할망이 되었다. 저승할망은 명진국 따님아기보다 먼저 생불왕 노릇을 했다 해서 구할망이라 불리는 걸 더 좋아했다.

오만한 대별상

이승을 동생 소별왕에게 넘겨주고 저승을 다스리는 대별왕에게는 여러 신하가 있었다. 그중 대별상이라는 신하는 마마를 불러 아기들의 영혼을 잡아가거나, 심한 열병을 앓다가 곰보가 되게 하는 직을 맡고 있었다. 대별상은 사방팔방으로 돌아다니며 아무에게나 마마를 주기 일쑤였는데, 말릴 자가 없으니 날로 기세가 등등했다. 대별상만 나타나면 사람들은 꼼짝 못하고 푸짐하니 한 상 차려 대접해야 했다.

삼승할망은 이때 하루에 1,000명씩 생명을 주고 만 명씩 환생을 시킬 때였다. 그러나 구할망이나 대별상의 횡포로 자손과 인간의 번성속도가 몹시 느려지는 바람에 근심이 컸다. 어느 날 서천강 다리를 건너 인간세상으로 내려오는데, 큰길에서 영기를 앞세우고 고부랑나팔, 쌍나팔에 비비둥당 우둥당 피리 불고 북을 치며 몰려오는 요란한 행렬을 만났다. 아리따운 첩들, 기생들을 대동하고 수백 군졸을 거느려 한길 그득먹하게 다니는 모양새를 보니 대별상 행차가 분명했다.

삼승할망이 두 손을 모으고 빌었다.
"대별상 님아, 내가 내운 자손들은 은진주, 아랑진주 자국만 살짝살짝 내고 고운 얼굴로 호명하여주십서."
그러자 대별상이 오만하게 눈을 부릅뜨더니 야단을 친다.
"허, 여자란 게 꿈에만 실려도 재수가 없는데 대장부 행차에 웬 날내 나는 여자냐? 물 아래로 비켜서라!"
대별상은 거들떠보지도 않고 소매를 휘날리며 지나쳤다.

대별상은 그 후 더욱 기승을 부려 삼승할망이 잉태를 준 아기들 고운 얼굴을 박박 얽어 찌그러진 뒤웅박으로 만들어버렸다.

아기들마다 곰보딱지가 앉아 흉하게 변해가니 삼승할망은 눈물을 흘리며 슬퍼했다.

'대별상 하는 짓이 괘씸하구나! 어디, 네놈도 내게 사정할 날이 있으리라.'

서천꽃밭에서 생불꽃을 가져온 삼승할망은 대별상의 부인인 서신국 마누라에게 잉태를 시켰다.

그러나 서신국 마누라는 열 달이 지나고 열두 달이 지나도 해복을 못 해 죽을 지경에 이르렀다. 눈치 빠른 서신국 마누라는 이거 보통 일이 아니로구나 여기고, 조심스레 대별상에게 물었다.

"대감, 일전에 혹시 삼승할망한테 애달프게 한 일이 없으십니까?"

"삼승할망? 오호, 사실 얼마 전 여차저차한 일이 있기는 있었소만."

그 말을 듣고, 서신국 마누라가 한숨을 쉬며 말한다.

"대감, 하나만 알고 둘은 모르시는구려. 제가 대감 대신 삼승할망한테 들른 것입니다. 할망이 아기를 안 내우면 아무리 대별상 대감인들 무슨 소용이 있겠습니까? 어서 가서 사죄하고 용서를 비셔야 합니다."

　대별상은 썩 내키지 않은 일이었으나, 마누라가 죽을 둥 살 둥 하는 마당이니 어쩔 도리가 없었다.
　천양망건에 천양갓 쓰고 천양도포를 입고 저승법대로 의관정제한 대별상은 삼승할망을 찾아갔다. 그러고는 체면 불구하고 댓돌 밑에 무릎 꿇어 빌었다.
　"네 자손은 아깝고 남의 자손은 아깝지 않더냐?"
　삼승할망은 얼굴을 내밀지도 않은 채 대별상을 내쳤다.
　대별상은 하릴없이 먼 올레 바깥에 돗자리를 펴고 엎드려 하루, 이틀, 이레, 두이레 열나흘 동안을 보냈다. 밤낮으로 모진 광풍이 불어도 그대로 엎드려 있고, 비가 내려 석 자 닷 치나 물에 잠겨도 그대로 엎드려 있었다. 눈발이 몰아치니 얼굴도 몸도 시리고 수염엔 고드름이 매달렸지만, 대별상은 꿈쩍도 못 하고 엎드려 있었다.

　그 모양을 본 삼승할망은 한편으로 괘씸하나 그 정성도 갸륵하다 여겨, 가까이 들라고 말했다.
　"그만하면, 하늘 높고 땅 낮은 줄 알겠느냐?"
　"알다 뿐이겠습니까?"

"네 교만한 행실로 애달프더라마는, 그간 정성을 봐서 부인 해복 해산시켜주마."

"황공하여 몸 둘 바를 모르겠습니다."

대별상은 몇 번이고 고개를 숙여 삼승할망한테 감사를 표했다.

"그런데 나를 청해 들이려면 몇 가지 준비가 필요한데, 시키는 대로 하겠느냐?"

"분부만 하십시오."

"우선 길가에 수북이 자란 풀들을 언월도로 베고, 튀어나온 돌들은 은따비로 파서 모두 제거하도록 하라."

"예, 예."

"길이 파여 엉망이 될 것이니, 골라낸 돌들과 흙들을 삼태기로 치우고 발로 밟아 평평하게 다진 다음 술을 뿌려 청이슬 다리를 놓아라."

"예, 예."

"행여 진흙이 튀어 오를지도 모르니 길에 다시 띠를 뿌려 마른 다리를 놓은 다음, 잘게 자른 종이를 뿌려 나비 다리를 올려야 할 것이야."

"예, 그저 분부대로 이행하옵지요."

삼승할망을 맞이하는 대별상의 집 치장이 요란했다. 문어귀에는 검은 줄·빨간 줄을 매고, 마당에는 물명주 천으로 다리를 놓고, 방 안에는 족자병풍을 치고, 안자리에는 능화자리, 바깥자리에는 화문석을 깔았다.

은주랑 철죽대를 짚고 코제비 백릉보선에 꽃당혜를 신은 삼승할망이 마당으로 들어서는데, 쉰다섯 자 건지머리가 줄에 걸려 벗어지고 명주다리 위에선 미끄러져 넘어졌다. 화가 난 할망은 명주 다리·족자 병풍·능화 자리·화문석을 모두 걷어치우고 무명천에 보릿짚을 깔게 했다. 그 후 해산하는 방에는 병풍도 치지 않고 자리도 깔지 않게 되었다.

삼승할망이 비단 같은 손길로 대별상 마누라의 살 끝 뼈 끝 마디마디를 조근조근 주무르고 배를 세 번 쓸어내리자 이내 궁문이 열렸다. 아기가 쑥 나오는 것 같았는데, 눈도 없고 귀도 없고 코도 없는 이상한 아기였다.

"아이고 내 팔자야."

대별상이 한숨을 쉬었다.

"아기 낳은 게 어려운 줄 알겠느냐? 공들여 낳은 내 자손들을 네가 박박 얽게 만들었는데, 이제부터는 얼굴을 곱게 만들겠느냐?"

"예, 예, 여부가 있겠습니까."

삼승할망이 가위로 아기봇을 찢자 앞이마는 해를 그린 듯, 눈은 붓으로 그린 듯, 코는 나무집게로 집은 듯, 입은 은가위로 자른 듯, 샛별 같은 옥동자가 태어났다.

감격한 대별상이 삼승할망한테 말했다.

"앞으로는 길을 갈 때도 할망이 윗길로 가고, 상을 받을 때도 할망이 위로 받으십서."

그래서 아기들이 앓아 굿을 치를 때면 삼승할망을 위로 모시고 대별상은 아래쪽에 상을 차리게 했다.

서천꽃밭에는 오색꽃들이

억조창생 만민자손을 번성시키려 하니 꽃밭이 나날이 좁아갔다. 삼승할망은 사계절 따뜻한 극락 땅을 찾아 서천꽃밭을 새로 넓게 만들었다. 하늘궁전 천지왕에게 수많은 꽃씨를 다시 얻어 삼짇날에 파종했다.

오색꽃을 다섯 방위에 나누어 동쪽에 청색, 서쪽에 백색, 남쪽에 적색, 북쪽에 흑색, 중앙에 황색꽃을 가득 심으니 동에는 청재목이 나고, 서에는 백재목, 남에는 적재목, 북에는 흑재목, 중앙에는 황재목이 났다.

동청목 푸른 꽃으로는 남자아기를 잉태시키고, 서백금 하얀 꽃으로는 여자아기의 생명을 줬다. 남쪽의 붉은 꽃은 오래 살게 하는 장명꽃이고, 북하수 검은 꽃으로 난 아기는 오래 살지 못했다. 중앙에 노란 꽃은 만과출신이라 이 꽃을 받아 출생한 아기는 입신출세했다.

삼승할망이 기거할 집도 새로 지었다. 비자나무로 기둥을 삼고, 정자나무로 도리를 걸고, 대추나무로 서까래를 걸어 으리으리한 누각을 지었다. 다락에 네 귀엔 풍경을 달아놓고, 널찍하게 내성 외성을 둘러놓았다.

삼승할망은 이 안에서 문 안에 60업저지, 문밖에도 60업 저지를 거느려 좌정하였다.

삼승할망 밑으로 대별상과 서신국 마누라·구덕할망·넋 할망·침하르방 등이 있었다. 사람들은 삼승할망을 기려 초사흘 초이레, 열사흘 열이레, 스무사흘 스무이렛날에 상을 올렸다. 이 때문에 초사흘 초덕부인, 열사흘 이덕부인, 스무사흘 삼덕부인 등이 생겨나 새로 태어난 아기들을 돌보게 되었다.

한편 구할망은 죽으나 사나 삼승할망이 낸 아기들에 달려들어 심술을 피웠다. 사람들은 초사흘 초이레, 열사흘 열이레, 스무사흘 스무이레에 따로 상을 올려 두 할망 간에 굽 갈라놓아야 했다. 이 일에 자칫 소홀하면 구할망은 부엌 솥 뚜껑에 올라가 당당당당 막대를 두드리며 여기 드러누워 안 가겠다, 이 솥 앞에 똥을 싸지르리라, 집에 불 붙여버리겠다 등등 갖은 패악을 저지르며 아기가 열다섯 살이 되기까지 주위사람들을 달달 볶아댔다.

꽃감관 할락궁이

꽃감관을 보내주소서

아름다운 꽃밭에는 하루에도 수만 가지 꽃들이 피어났다.
삼승할망은 서천꽃밭에 꽃이 자라는 대로 인간에 보내 생명
을 주었다. 또한 생명을 주는 이상으로 죽은 사람을 환생시
키기도 했다. 땅 위에는 날로날로 사람들이 늘어갔다.

삼승할망의 일이 이처럼 바쁘니 넓은 꽃밭을 관리할 자가
필요했다. 하늘궁전의 몇몇 신들이 허락 없이 꽃을 꺾어가는
일이 종종 생겼기 때문이다.

삼승할망은 천지왕한테 달려가 청했다.

"서천꽃밭을 관리할 꽃감관을 보내주옵소서."

"그리하자꾸나. 곧 청렴한 선비의 아들을 골라 보낼 터이
니 기다려라."

천지왕은 세상을 내려다보았다. 한 마을에 김진국과 원진
국이 살고 있었다. 윗녘에 사는 김진국은 가난하고 아랫녘에
사는 원진국은 살림이 풍족했음에도 두 사람은 사이좋게 지
냈다. 다만 둘 다 마흔이 넘도록 슬하에 자식이 없어 수심이
깊었다.

"옳거니. 빈부에 상관없이 아름다운 사귐이 있으니 얼마
나 갸륵하냐."

천지왕은 미소를 띠며 이승을 다스리는 소별왕을 불러들
였다.

"인간세에 김진국, 원진국 두 대감의 사람됨이 가상하다.
아직 슬하에 자식이 없다 하니, 이들에게 생불을 주어 사내
아이가 나면 서천꽃밭 꽃감관으로 쓰리라."

꽃감관으로 쓴다면 곧 이승을 떠나보내 저승으로 데려가
는 것이니 이승을 다스리는 소별왕으로서야 서운한 노릇이
었다. 그러나 천지왕의 분부를 어찌하랴.

"그건 그리하옵소서."

소별왕은 그 길로 동개남 상주절 주지승을 불러 여차저차
지시했다.

김진국과 원진국의 구덕혼사

하루는 김진국 원진국 두 대감이 바둑을 두는데 웬 중이 나타났다.

"소승이 상을 보니, 김진국 대감은 하루 한 끼밖에 못 먹겠으나 원진국 대감은 천하 거부올시다그려."

느닷없이 나타난 중이 한눈에 신분을 알아맞히자 두 대감은 눈이 휘둥그레졌다. 그러나 곧 원진국 대감이 바둑돌을 놓으며 깊은 한숨을 쉬었다.

"천하 거부면 어떻고 하루 한 끼인들 무슨 상관이겠소. 이 나이토록 자식이 없는 마당에……. 밥 없으면 빌어먹고 옷 없으면 얻어 입을 수 있지만, 자식은 빌어 길러봐도 부모 공을 알지 못하는 게 양자(養子)라 하지 않소."

두 대감은 다시금 설움이 복받쳐 서로 손을 붙잡고 대성통곡했다. 이 모습을 측은하게 바라보던 중이 말했다.

"대감님들, 울지 말고 저 영험한 동개남 상주절로 수륙이라도 드리러 가소서. 지극정성이면 명 없는 자 명 주고, 생불 없는 자 생불을 준다 하옵니다."

"원진국 대감이야 돈이 많으니 걱정 없겠지만, 나는 하루 한 끼밖에 못 먹는 처지에 수륙 드릴 제물이 어디 있소?"

김진국이 다시 한탄을 한다. 곁에 있던 원진국이 곰곰이

생각하다가,

"여보 김 대감, 그리 한탄하지 마소. 수륙채는 내가 당할 테니 김 대감은 그동안의 양식이나 마련하시구려."

"허어! 이런 고마울 데가……. 이런 황송할 데가……."

김진국이 감격에 겨워 말을 잇지 못하는 사이, 소별왕이 보낸 중은 슬쩍 미소를 띠고는 어디론지 사라졌다.

그날부터 김진국의 부인네가 바빠졌다. 밥 한 끼 할 때마다 쌀 한술씩 덜어 모으고, 앞집에는 장리빚을 지고 뒷집에는 월리빚을 지며 100일 불공드릴 동안의 양식 마련에 나선 것이다.

양식이 겨우 마련되자, 김진국과 원진국은 동개남 상주절 금법당에 같이 가서 제물을 올리고 기원했다. 석 달 열흘간 정성스런 수륙불공을 마치고 돌아올 때 원진국이 말했다.

"우리가 같이 수륙을 드렸으니, 내가 딸을 낳건 아들을 낳건, 혹은 김 대감이 딸을 낳건 아들을 낳건 서로 낯 바꾸어 아이를 낳으면 구덕혼사를 합시다."

구덕혼사란 아기구덕에 눕혀 키우는 어린아이 때 부모의 의사에 따라 결혼시키는 일을 말함이니, 원진국은 수륙불공을 드린 기념으로 아예 김진국과 사돈을 맺어버리자는 것이었다. 김진국으로서야 딸이든 아들이든 무조건 부잣집에 시집 장가를 보내는 셈이니 싫을 턱이 없었다.

"허허, 대감 뜻이 정 그렇다면, 그리하십시다."

곧 두 대감댁 부인들에게 태기가 있어 달이 차자 아이를 낳는데, 남의 수륙채까지 대어준 원진국은 딸을 낳고 남의 수륙채로 불공드린 김진국은 아들을 낳았다. 원진국 딸은 원강암이라 하고 김진국 아들은 사라도령이라 이름 지었다.

김진국과 원진국은 예전처럼 늘 바둑 장기를 두며 지냈다. 사라도령과 원강암이도 어린 시절부터 두 집을 오가며 함께 어울려 놀아 정이 깊었다. 그 아이들이 무럭무럭 자라 열다섯이 되자 김진국의 고민이 시작되었다. 진즉에 해둔 약속이 있으니 '이제 혼사를 합시다' 말하고 싶어도, 원진국이 워낙 부자라 제 죄가 깊게 여겨지는 것이다.

"저, 우리 아이들 혼사는 어떻게……."

어느 날 불끈 용기를 낸 김진국이 운을 떼자,

"무슨 혼사 말씀이오?"

원진국이 짐짓 딴전을 부렸다.

"우리가 불공드릴 적에 한 구덕혼사 약속……."

"허어, 김 대감. 구덕은 구덕이고 혼사는 혼사지. 땅 한 뙈기 없는 대감이 우리 딸을 데려다가 대체 무얼로 먹여 살릴 작정이시오?"

김진국은 말문이 막혔다. 터벅터벅 집으로 돌아온 김진국은 곧 자리에 드러누워 끙끙 앓게 되었다.

사라도령이 눈치를 채고, 그날 밤으로 급히 원강암이를 찾아가 만났다. 두 사람은 어릴 적부터 주위사람들 말을 들어 자신들의 구덕혼사 사실을 알고 있었다.

"낭자, 가난한 사람은 장가도 들 수 없습니까?"

"무슨 말씀입니까?"

사라도령이 자초지종을 말하자, 원강암이는 총명스런 눈을 반짝였다.

"도련님, 제게 수가 있으니 아버님을 내일 한 번 더 저희 집으로 오게 하십시오."

사라도령을 집으로 보낸 후, 원강암이는 부친 방으로 들어가 문안을 올렸다.

"아버지, 제가 몹시 흉한 꿈을 꾸었습니다."

"흉한 꿈이라니?"

"꿈에 백발이 성성한 한 노인이 나타나, '너의 부모가 부처님 전에 한 약속을 어겼으니 그 벌로 모레 삼차사를 보내 너를 잡아가야겠다'고 말하지 않겠습니까. 대체 무슨 일이길래 그러십니까, 물어보려는 순간 백발노인은 사라져버렸습니다. 아버지는 누구와 무슨 약속을 하셨기에 이런 흉한 꿈이……."

원강암이가 고개를 숙이며 흑흑 흐느끼자, 원진국은 얼굴이 벌게졌다.

"아, 그건 아마 너를 얻으려고 동개남절에 가서 수륙 드릴 적에 김 대감과 한 약속을 말하는 듯하다만."

"이 한 몸 죽는 거야 애석치 않사오나, 부모님 은공도 갚지 못한 채 가게 되면 이런 원통할 데가 어디 있겠습니까?"

원강암이는 더욱 소리를 높여 흐느꼈다.

"아가 아가, 우지 마라. 하지만 그 가난뱅이 사라도령한테 꼭 시집을 가야겠느냐?"

"부처님 전 약속인데 어쩔 도리가 있겠습니까. 저를 살리려거든 부디 사랑도령한테 보내주십시오. 잘살아도 내 팔자, 못살아도 내 사주 아닙니까?"

"알았다, 알았어. 우지 마라, 아가. 가만있자, 모레라…….
그 백발노인이 분명 모레라 했으렷다?"

원강암이는 고개를 숙인 채 끄덕였다.

다음 날 원진국은 김진국을 집으로 청했다. 김진국은 원진국 집 앞까지 다시 가기는 갔으나 선뜻 들어가지 못해 어정거리기만 했다. 그때 집 안에서,

"사돈님, 어서 오시오."

하는 소리가 들렸다. 김진국은 '어제는 그리 매정하더니 오

늦은 웬일로 반갑게 맞는고' 괴이쩍게 생각했다.

원진국이 먼저 말했다.

"오래전에 한 약속인데, 번거롭게 택일할 거 없이 내일 혼사합시다."

'아니, 당장 내일?'

김진국은 속으로 급히 날을 짚어보았다. 다음 날은 멸망일이자 사일(死日)이었다. 수사일(受死日)에 결혼이라……. 김진국이 망설이는 듯하자, 오히려 원진국이 조바심을 냈다.

"어제는 참으로 결례했소이다. 내가 안팎 잔치를 다 차리겠으니, 내일 당장 식을 행하기로 합시다."

원진국이 서둘러대니 가난한 김진국으로서는 어쩔 도리가 없었다.

서천꽃밭에 와서 꽃을 지켜라

원진국이 두 사람을 위해 재산을 분배해줘 사라도령과 원강암이는 별 어려움 없이 살아갈 수 있었다. 원강암이는 곧 아이를 가졌다. 한 달 두 달 지나 원강암이 몸은 항아리처럼 무거워지기 시작했다.

다른 일에 바쁜 소별왕이 퍼뜩 정신을 차리고 살피니 사라도령은 이미 결혼했고 아이까지 어미 뱃속에 있었다.

'아차, 좀 늦어버렸구나.'

부인과 자식이 딸린 사람을 저승으로 불러들이려면 아무래도 성가신 일들이 많이 생길 터였다. 하지만 천지왕의 분부이니 어김없이 이행해야만 했다. 소별왕은 백발노인의 모습으로 사라도령과 원강암이의 꿈에 들어 '서천꽃밭에 와서 꽃을 지켜라'라고 명령했다. 한 번, 두 번, 세 번……. 그러나 신혼의 달콤함에 젖은 사라도령은 좀처럼 서천꽃밭으로 갈 생각을 하지 않았다.

하루는 원강암이가 허벅 지고 물 길러 삼도전 거리에 나갔는데, 아득한 서천꽃밭으로부터 온 삼차사가 내려서고 있었다. 죽음의 차사들을 보자 원강암이는 가슴이 철렁했다.

땅에 내려선 삼차사가 원강암이한테 물었다.

"이 마을 사라도령이 어디에 살고 있습니까?"

"어이구, 그곳에 가자면 몹시 먼데, 저 재 넘고 다시 물을 건너가야 합니다."

삼차사를 멀찍이 보낸 원강암이는 물도 안 긷고 황급히 돌아와 사랑도령한테 말했다.

"어서 빨리 도망가세요!"

사라도령은 깊은 한숨을 내쉬었다. 꿈속의 명령이 끝내

현실로 나타나고야 만 것이다.

"아무려면 가지 않을 수 있는 길이겠소? 내 가서 차사들을 다시 모시고 오리다. 먼 데서 오신 분들이니 우선 진짓상이나 잘 차려 대접해야 할 것이오."

사라도령은 아직 멀리 가지 않은 삼차사를 집에 모셔다가 후히 대접했다. 식사를 끝낸 차사들이 재촉했다.

"사라도령, 이제 어서 길을 떠나시게."

사라도령은 원강암이한테 말했다.

"여보, 내가 저승 가서 꽃감관으로 자리를 잡게 되면 즉시 청할 것이니, 그간 부디 잘 살고 있으오."

"아이고, 이게 무슨 말입니까! 나도 함께 가겠습니다!"

원강암이는 울음을 터뜨렸다.

"가지 못하오. 여기서 잠시 살고 있으면 내 곧 청하겠소."

"아니 되옵니다! 당신 없이 이 세상을 어찌 살란 말입니까! 살아도 같이 살고 죽어도 같이 죽을 것이니, 난 함께 갈 것입니다!"

원강암이는 사라도령의 옷자락을 움켜쥐며 울부짖었다.

두 사람을 이윽히 바라보던 삼차사가 말했다.

"그럼 사라도령, 부인을 잘 달래서 천천히 따라오시오."

그러고는 집을 나서 먼저 걸어 나가는 것이었다. 한참 걸어가던 삼차사는 길 끝 어둠 속에 젖어들면서 서서히 공중으로 떠오르는 듯하더니 가뭇없이 사라졌다.

종 사십시오

'모든 게 내 어리석은 탓이다. 수사일에 부득부득 결혼을
했으니 결국 이런 꼴이 나지 않았는가.'

사라도령은 장탄식을 했지만 소용없는 일이었다.

부부는 함께 서천꽃밭을 향해 출발했다. 서천꽃밭이 어디
인가. 저승으로 가는 길은 멀고도 험난했다. 가다가 날이 저
물면 억새 포기 속에 밤을 새고, 날이 밝으며 다시 아픈 다리
를 이끌며 끝없이 험한 길을 걸어갔다. 원강암이는 산처럼
부른 배를 안고 뒤뚱뒤뚱, 발은 콩구슬같이 부풀어 길을 잘
걸을 수가 없었다.

며칠이나 걸었을까. 하루는 어떤 언덕 밑에 팽나무를 의
지하여 밤을 샐 요량을 하는데 닭 울음소리가 간간 들려
왔다.

"저 닭은 어디서 우는 닭입니까?"

"이 근처 만년장자(萬年長者) 집 닭 우는 소리요."

한참 있으려니 또 어디서 컹컹 소리가 났다.

"저건 무슨 소리입니까?"

"만년장자 집의 개 짖는 소리요."

닭 울음소리나 개 짖는 소리는 두 사람의 처량한 심사를 더욱 처량하게 했다.

원강암이는 피 같은 눈물을 흘리며 남편에게 애원했다.

"배는 무겁고, 다리도 아프고, 발바닥은 온통 부풀어 이제 더는 걸을 수가 없습니다. 저 장자집에 이 몸을 종으로 팔아두고 가면 어떻겠습니까? 닭 울음소리, 개 짖는 소리가 실한 것으로 보건대 부잣집인 듯합니다."

사라도령은 기가 막혔다. 부부는 서로 손을 붙들고 한참을 울었다. 그러나 어쩔 도리가 없었다. 종으로 팔아두고 가기로 하는데, 어미는 얼마를 받고, 뱃속에 들어 있는 아이는 얼마를 받으면 좋을까를 우선 상의했다. 어미는 300냥, 뱃속의 아이는 100냥만 받자고 합의가 되었다.

부부는 눈물을 거두고 만년장자 집으로 갔다.

"종 사십시오."

문 밖에서 소리 지르니, 장자가 알아듣고 딸들을 불렀다.

"큰애가 나가보아라. 네 마음에 들면 사줄 것이니라."

장자집 첫째딸이 나와보니 원강암이의 미모가 마음에 걸렸다. 그래서 장자에게 말했다.

"난 싫어요. 어떤 길간나희인지 사놓으면 집안 망할 듯합니다."

만년장자는 둘째딸한테 나가보라 했으나, 둘째딸 역시 원 강암이의 미모를 시샘했다.

"그 종을 샀다간 우리 집안 수레악심 들 듯합니다. 사지 마십시오."

장자는 딸들의 반응이 재미있는지 셋째딸한테도 가보라 했다. 마음씨 좋은 셋째딸이 나와보고는 장자를 설득했다.

"아버지, 저 종 사주세요. 우리 집안 이(利)할 종인지 해 (害)할 종인지는 아무도 모를 일인데다, 비록 종이지만 용모 가 수려한 것이 가내를 잘 다스림 직합니다."

셋째딸의 제언으로 흥정이 되었다. 어미는 300냥, 뱃속의 아이는 100냥을 받았다.

만년장자는 사라도령을 사랑방으로 불러들여 밥상을 차 려내어 오고, 원강암이는 부엌으로 들여보내 식은 밥에 물을 말아주게 했다.

사라도령은 수저를 들고 눈물을 잠시 흘리다가 장자에게 말했다.

"이 마을 풍습은 어떤지 모르지만, 우리 마을 풍습은 서로 이별할 땐 맞상을 차려주는 법이외다."

그제야 맞상이 차려져 나왔다. 부부는 밥상을 받아 마주 앉았다. 원강암이는 우선 뱃속에 있는 아이의 이름이라도 지 어주고 가시라 했다. 사라도령은 만일 아들을 낳으면 '신산만산할락궁이'라 하고, 딸을 낳거든 '할락댁이'라 이름 지으라 했다. 그러고는 가지고 있던 얼레빗을 반으로 꺾어, 한쪽을 부인에게 증거물로 넘겼다. 다시 만날 날을 굳게 기약하고, 사라도령은 서천꽃밭으로 훌훌히 떠났다.

신산만산할락궁이

그날부터 원강암이의 종살이가 시작됐다. 서글프고 초조한 하루가 지나갔다. 날이 저물어 이경쯤에 원강암이의 방문을 두드리는 자가 있었다.

"이 문 열라, 이 문 열라."

만년장자임의 흑심을 안 원강암이는 꾀를 냈다.

"이 고을 풍습은 어떤지 모르나, 우리 마을 풍습은 낳은 아이가 걸음마를 하고 마당에서 놀음놀이를 해야 몸 허락을 하는 법입니다."

원강암이의 단호한 말에 만년장자는 하릴없이 발길을 돌렸다.

얼마 안 되어 원강암이는 아이를 낳았다. 아들이었다. '신산만산할락궁이'라 이름을 지었다. 할락궁이는 제법 자라서, 막대기로 말타기를 하며 마당에서 놀게 되었다.

어느 날 밤이 깊자, 다시 만년장자가 와서 문을 두들겼다.

"이 고을 풍습은 어떠한지 모르나 우리 마을 풍습은 낳은 아기가 열다섯, 15세가 되어야 몸 허락을 하는 법입니다."

그러나 할락궁이가 열다섯 살이 되니 더 변명할 말이 없어졌다. 할락궁이가 쟁기를 지고 밭 갈러 간 사이 만년장자는 원강암이 방을 찾았다.

"들어가도 좋으냐?"

"······."

대답이 없자 허락하는 줄 여긴 만년장자는 원강암이 방으로 성큼 들어갔다. 원강암이는 빨랫방망이를 들고 섰다가 눈을 붉히며 장자를 노려본다.

'고년, 노려보는 모습도 참말 곱구나.'

장자가 손을 내밀어 원강암이를 잡으려 하자, 빨랫방망이가 장자의 발등을 팍삭 내리찍었다.

"아이고, 나 죽네!"

만년장자의 비명을 듣고, 식구들이 모두 달려와 원강암이를 마구 때리기 시작했다. 보다 못한 셋째딸이 말했다.

"아버지, 지금까지 큰 농사를 저 종이 다 건사하고 집안살림도 살뜰히 잘했는데 지금 죽이면 누가 일을 합니까? 죽이는 대신 벌역을 시키십시오."

이튿날부터 모자에겐 고역이 떨어졌다. 할락궁이에게는

낮에는 소 쉰 마리를 몰고, 심심산중에 들어가 나무 쉰 바리를 해오고, 밤에는 새끼를 1,000발 꼬아놓게 하고, 원강암이더러는 낮에 명주 다섯 동, 밤엔 명주 석 동을 짜올리도록 하는 것이었다.

매일매일 계속되는 이 고역은 참으로 힘겨운 것이었다. 원강암이와 할락궁이는 하루하루 눈물로 세수하며 지냈다.

봄이 되자 만년장자는 할락궁이에게 씨 뿌릴 밭을 하루에 한 섬지기씩 개간하도록 했다. 거친 나무 숲을 일구어 밭을 만들면 다시 그 밭에 좁씨를 뿌려 심도록 했다. 좁씨를 뿌려 심으면 이번에는 '멸망일에 좁씨를 뿌렸으니 곡식이 잘될 리 없다'며 뿌린 좁씨를 주워오도록 했다. 넓은 밭에서 좁씨를 한 알 한 알 줍고 있는데 난데없는 개미들이 밭으로 모여들어 삽시간에 좁씨를 모아줬다. 모두 주워오니 만년장자는 한 알이 모자라다고 생강짜를 부렸다. 한 알을 주우러 다시 밭에 가니 말개미가 좁씨 하나를 물고 있었다.

할락궁이도 이젠 자랄 만큼 자랐으니 집안의 눈치를 알게 되었다. 좁씨를 뿌렸다 주웠다 한 그날 밤, 할락궁이는 새삼스레 어머니 곁에 다가와 캐묻는 것이었다.

"우리 아버지 어디 갔습니까?"

어머니가 대답했다.

"만년장자가 너희 아버지 아니냐."

"만년장자가 우리 아버지라면, 어인 까닭으로 이같이 고된 일을 시킵니까?"

할락궁이가 씩씩거리며 거듭 물었으나, 원강암이는 깊은 숨만 내쉴 뿐 아무 대답도 하지 않았다.

그로부터 얼마 뒤 가랑비가 포근히 내리는 날이었다. 마음씨 고운 셋째딸은 만년장자한테 비도 오고 하니 할락궁이네도 하루 쉬게 해달라고 요청했다. 장자가 허락해 이날 하루는 고된 일에서 벗어날 수 있게 되었다. 할락궁이는 어머니에게 콩을 한 되만 볶아달라고 졸랐다. 일도 없고 심심하니 볶은 콩이나 먹으며 소일하겠다는 것이다.

할 수 없이 원강암이는 장막을 털어 콩 한 되를 모아 볶기 시작했다. 한참 볶노라니, 할락궁이가 급히 달려오며 밖에 누가 와 부르니 어서 나와보시라고 한다. 볶던 콩을 놓아두고 어머니는 얼른 나가보았다. 아무도 없었다. 할락궁이는 콩 젓던 죽젓광이를 얼른 감추고 어머니를 불렀다.

"어머니, 콩이 모두 타고 있으니 어서 저으십시오."

원강암이가 죽젓광이를 못 찾아 이리저리 헤매니,

"아이고, 어머니. 콩 모두 타지 않습니까. 손으로라도 어서 저으십시오."

하도 급히 서두르는 바람에 손으로 콩을 저으려고 했다.

순간 할락궁이는 어머니 손을 꾹 눌렀다. 어머니가 엇뜨거라 비명을 질렀다.

"이제도 바른말 못 하겠습니까? 우리 아버지 간 데를 말해주십시오."

"이 손 놓아라. 말해주마."

어머니는 모든 사실을 털어놓았다. 이제는 때가 온 것이라 하여, 아버지 사라도령이 증표로 남기고 간 얼레빗 한쪽도 아들에게 넘겨주었다.

할락궁이는 아버지를 찾아가겠다고 했다. 어머니더러 장자집 메밀 장막을 털어 메밀범벅 세 덩이만 해주시도록 부탁했다.

할락궁이는 아버지가 두고 간 얼레빗 한쪽과 메밀범벅 세 덩이를 가지고 어머니와 눈물로 작별했다.

"어머니, 제 간 곳을 절대 말하지 마십시오. 아버지 만나 뵙고 곧 돌아와, 어머니를 편안히 모시겠습니다."

할락궁이는 마실 가는 체 슬쩍 집을 나와 서천꽃밭으로 향했다.

날이 저물어도 할락궁이가 돌아오지 않자, 만년장자가 눈치를 채고 원강암이를 형틀에 묶어 다그쳤다.

"할락궁이 어디로 갔느냐?"

"모릅니다."

한 번, 두 번, 세 번, 거듭된 다그침과 매질에 피거품을 물면서도 원강암이는 끝끝내 아들 간 곳을 대지 않았다. 만년장자는 백리둥이·천리둥이·만리둥이 개들을 차례로 풀어 할락궁이를 물어오도록 했다.

개가 쫓아오는 걸 본 할락궁이는 메밀범벅을 싼 보자기를 풀었다. 백리둥이가 짖어대며 가까이 오자 할락궁이는 얼른 범벅 한 덩이를 던졌다. 백리둥이가 범벅을 먹는 사이 할락궁이는 100리를 달려갔다. 곧 천리둥이가 쫓아왔다. 1,000리를 달리는 날쌘 개다. 할락궁이는 다시 메밀범벅 한 덩이를 집어던졌다. 그것을 먹는 새 1,000리를 뛰어갔다. 뒤따라 만리둥이가 뛰어오니, 한 덩이를 내던져서 먹는 틈에 만 리를 달아났다.

개들이 떡만 먹고 그냥 돌아오자, 만년장자는 원강암이를 죽여버리고 말았다.

서천꽃밭이 어디인가

서천꽃밭이 어디인가. 멀고 험한 길을 걸어왔으나 할락궁이는 그새 방향을 잃고 이리저리 헤매고 있었다.

"아버지, 어디 계십니까?"

할락궁이는 울음 섞인 목소리로 중얼거렸다. 그러자 어디선가 홀연히 눈먼 노인이 나타났다.

"서천꽃밭으로 가는 길을 가르쳐주십시오."

"네 눈을 뽑아주면 가르쳐주지."

"눈을 뽑아버리고 어떻게 서천꽃밭 가는 길을 알 수 있겠습니까?"

"서천꽃밭은 사람 눈으로 찾아가는 곳이 아니니라."

노인은 허허롭게 웃었다.

"그렇다면, 뽑아드립지요."

할락궁이는 두 손으로 눈가를 찔러 넣어 눈알을 뽑아냈다. 눈먼 노인은 그걸 받아들고 제 눈에 넣었다.

"젊은이의 것이라 과연 만물이 생생하게 보이는구나."

"이제 서천꽃밭 가는 길을 가르쳐주십시오."

"정성이 갸륵한즉 가르쳐주마. 이리로 한참 가다보면 발등에 차는 물이 나올 것이다. 그 물을 건너 다시 한참을 가면 오금까지 오는 물을 만날 것이다. 그 물도 건너 한참 가다보면 목까지 차오르는 물이 나올 터인데, 그 물을 다 건너면 알 도리가 있을 것이니라."

그 말을 하고 노인은 이승 쪽을 향해 바삐 내려갔다. 할락궁이는 계속 길을 가면서 노인이 말해준 물들을 차례로 만났다. 목까지 차오르는 물에 잠겼을 때도 할락궁이는 물살을 헤치며 앞으로 앞으로 나아갔다. 물을 다 건넌 언덕에선 까마귀가 까옥까옥 울고 있었다.

각종 향기로운 꽃냄새가 코를 찔렀다. 서천꽃밭이었다. 눈이 없어도 꽃밭의 황홀한 풍경이 아슴아슴 보이는 듯했다.

할락궁이는 먼저 서천꽃밭의 동정을 살피기로 했다. 서천꽃밭 입구에는 커다란 수양버들이 늘어졌고, 그 밑에 맑은 연못이 있었다. 할락궁이는 수양버들 맨 윗가지에 올라 넓디 넓은 서천꽃밭을 바라보았다. 서천꽃밭은 엷은 안개에 싸인 채 고요했다.

잠시 후 꽃밭에선 궁녀들이 삼삼오오 물동이를 이고 입구 쪽으로 걸어왔다. 꽃밭에 줄 물을 뜨러 연못으로 오는 것이었다.

할락궁이는 얼른 손가락을 깨물어 붉은 피 두세 방울을 연못에 떨어뜨렸다. 연못은 그만 부정(不淨)을 타고 말았다. 궁녀들이 다가와서 물을 뜨려고 하니, 연못의 물은 순식간에 말라버렸다.

"수양버들 상가지에 떠꺼머리총각이 앉아서 연못에 풍운 조화를 주고 있습니다."

궁녀들의 보고가 들어갔다. 꽃감관이 곧 밖으로 나왔다.

"너는 귀신이냐 생인이냐?"

"귀신이라면 어찌 흘릴 피가 있으오리까? 신산만산할락
궁이라 하옵니다."

꽃감관이 깜짝 놀라며,

"너 증거가 될 물건을 가졌느냐?"

할락궁이가 내놓는 것을 보니 얼레빗 반쪽이었다. 꽃감관
은 자신이 가지고 있는 반쪽하고 맞대어 보았다. 빈틈없이
맞았다.

"내 자식이 분명하다. 나를 찾아올 때에 발등에 차는 물이
없더냐?"

"있었습니다."

"그것이 네 어머니 첫 매다짐을 받을 때 흘린 눈물이다."

"아, 불쌍한 우리 어머니……."

할락궁이는 가슴을 치며 탄식했다.

"오금에 차는 물이 없더냐?"

"있었습니다."

그것이 네 어머니 두 번째 매다짐을 받을 때 흘린 눈물이
다. 그리고 목에까지 차는 물이 있었을 것이다. 바로 그게 네
어머니가 죽을 때 흘린 핏물이란다."

꽃감관 사라도령은 설움과 분노가 북받쳐 꺼이꺼이 울음
을 쏟아냈다.

할락궁이는 아버지 말을 듣고 어머니가 이미 장자에게 고

문을 받고 돌아가신 것을 알았다. 아버지는 서천꽃밭에 있으면서도 모든 일을 다 알고 있는 것이었다.

수레멜망악심꽃

난생처음 만나는 부자간이지만 정담을 나눌 겨를도 없었다. 아버지는 곧 할락궁이를 데리고 꽃밭으로 들어갔다. 널찍한 꽃밭엔 이름 모를 꽃들이 난만해 있었다.

"우선 네 눈을 원래대로 만들어줘야겠다."

사라도령이 꽃 하나를 따 할락궁이의 눈가를 스치자, 뿌옇던 사물들이 선명하게 보이기 시작했다. 그러고는 사람을 죽여 멸망시키는 수레멜망악심꽃, 죽은 사람을 다시 살려내는 환생꽃, 앙천(仰天) 웃음이 터지게 하는 웃음웃을꽃, 뼈 오를 꽃, 살 오를 꽃, 오장육부 만들 꽃 등등을 하나하나 설명하며 그 꽃들을 따주었다. 때죽나무 회초리도 하나 만들어서 건넨 사라도령은 할락궁이한테 어서 바삐 이승으로 내려가서 어머니의 원수를 갚으라고 말했다.

"어떻게 원수를 갚으면 되겠습니까?"

"이제 내려가면 만년장자는 죽이자고 달려들 게 뻔하니, 그때 일가친족들 앞에다 웃음웃을꽃을 먼저 뿌려라. 한참 웃음이 터지거든 다음에 싸움싸울꽃을 뿌려 친족 간에 패싸움을 일으키고, 그다음에 수레멜망악심꽃을 뿌려 원수를 갚는 것이다. 그리고 만년장자의 셋째딸만은 죽이지 말고 어머니 묻힌 곳을 알아낸 다음, 환생꽃을 뿌려 어머니를 살려내거라."

할락궁이는 아버지와 이별하고 다시 세상으로 내려왔다. 할락궁이가 나타나자, 예상했던 대로 만년장자와 그 가족 친족들이 모두 모여들어 때려죽일 판이었다.

"앞마당에 형틀 걸고 장검을 꽂아라!"

"죽기 전에 보여드릴 것이 있습니다."

"무엇이냐?"

"바로 이것입니다."

할락궁이는 품속에서 노란 웃음웃을꽃을 꺼내 마당에 뿌렸다. 해삭해삭 웃기 시작한 일가친족들이 나중에는 마당판을 온통 뒹굴어대면서 웃음을 웃느라 야단이 났다. 그때 푸른 싸움싸울꽃을 뿌리니, 서로 할퀴고 물어뜯으며 패싸움판이 벌어졌다. 마지막으로 붉디붉은 수레멜망악심꽃을 뿌려놓으니 일가친족이 모두 죽어갔다.

겁이 나 숨은 셋째딸을 찾아내자,

"날랑 살려줍서!"

애달프게 빈다.

"너는 살려줄 터이니, 어서 우리 어머니 죽여 던져버린 곳을 가리키라."

셋째딸이 가리키는 대로 가보니 어머니 머리는 끊어 청대밭에 던져놓고, 잔등이는 끊어 흑대밭에 던져놓고, 무릎은 끊어 푸른 띠밭에 던져놓았다. 어머니는 없어지고 뼈들만 살그랑하니 남아 있는 것이었다. 할락궁이는 어머니의 뼈를 차례차례 모아놓고 절을 했다. 그러고는 환생꽃·뼈오를꽃·살오를꽃·오장육부생길들을 꺼내 가지런히 모아놓고 때죽나무 회초리를 세 번 쳤다. 잠시 후 어머니가 부스스 일어났다.

"아이고, 봄잠이라 오래도 잤구나."

그간의 고초도 잊은 듯 어머니는 얼굴에 발그레한 홍조를 띠고 있었다.

할락궁이는 곁에 서 있던 셋째딸한테 물었다.

"우리를 따라 저승으로 갈 테냐?"

"나는 이승에 남아 있으렵니다."

비록 천애고아가 되었지만 셋째딸한테는 아무래도 이승이 좋을 듯싶은 것이었다.

꽃감관이 된 할락궁이

　할락궁이는 어머니를 모셔 서천꽃밭으로 들어갔다. 아들을 맞은 아버지 사라도령은 서천꽃밭 사라대왕으로 올라앉고, 할락궁이는 사라도령이 맡았던 꽃감관 자리를 물려받았다. 천지왕한테 꽃감관을 보내달랬던 삼승할망도 할락궁이가 꽃감관 노릇을 훌륭히 해내자 몹시 흡족해했다.

　어머니 원강암이는 저승어미가 되었는데, 어려서 죽은 아이들을 닦달하기 일삼는 구할망으로부터 아이들을 몰래몰래 빼내어 서천꽃밭에 물 주는 일을 시키며 따뜻하게 보살폈다.

전상차지 가믄장아기

나쁜 전상은 천지왕 골목으로

잘사는 것도 전상이요 못사는 것도 전상, 글하기도 전상, 왕을 모셔 벼슬하기도 전상. 하물며 귀앓이, 턱 아픈 것, 안질, 다래끼 나는 것, 콧병, 등창 등등 수많은 질병이 모두 전상이요, 순간적으로 일어나는 어긋진 마음 또한 전상이다. 삼승할망으로부터 생불 받아 태어나 죽을 때까지 생겨나는 온갖 행복과 불행을 다 일러 전상이라 하니, 한세상 살아가려면 좋은 전상은 집 안으로 매어들어 살리고 나쁜 전상은 천지왕 골목으로 내놓려야 하는 것이다.

천지왕이 사는 하늘궁전 골목에 이 전상을 차지한 신이 머물러 있어 이름을 '삼공'이라 하고, 세상에서는 '가믄장아기'라 불렀다. 가믄장아기의 아버지 신은 강이영성이서불, 어머니 신은 홍은소천구부인이다.

가믄장아기

옛날옛적 강이영성이서불이라는 사내 거지는 웃상실에 살고, 홍은소천구부인이라는 여자 거지는 알상실에 살았다. 때마침 흉년이 들어 두 거지는 제 마을에서 얻어먹기가 어렵게 되었다.

풍문이야 바람처럼 정처 없는 것이다. 웃상실의 강이영성이서불은 아랫마을에 시절이 좋다는 소문을 듣고, 알상실의 홍은소천구부인은 윗마을에 풍년이 들었다고 들었다. 서로 시절이 좋은 마을을 찾아 얻어먹으려 했다. 강이영성은 아랫마을을 향해 나서고 홍은소천은 윗마을을 향해 떠났다.

저녁 무렵 두 거지는 웃상실과 알상실의 딱 중간에서 만났다. 길에 구르는 돌멩이들끼리도 연분이 있는 법, 이들은 도중에 자리를 깔고 누워 서로 숨소리를 나누었다.

"우리 둘이 같이 살아보주."

"그리하십시다."

부부가 된 강이영성과 홍은소천은 새삼 삶의 의욕이 솟았다. 거지로 얻어먹기를 그만두고 힘을 합쳐 남의 품팔이라도 나서기로 했다.

얼마 안 있어 홍은소천은 태기가 있었다. 만삭이 되자 딸아이가 태어났다. 일가친척이 없는데다 먹을 쌀도 입을 옷도 없는 가난한 형편이라 아이와 산모를 제대로 먹일 도리가 없었다. 강이영성은 주저앉아 탄식만 할 뿐이었다.

이것을 본 동네 사람들이 불쌍하다고 일어섰다. 거지 노릇도 그만두고 바르게 살아보려고 품팔이를 나서서 애쓰는 이 부부를 위해 이때 도와주어야 할 것이 아니냐는 것이다. 동네 사람들은 정성스레 은그릇에 죽을 쑤어다 먹이고, 밥을 해다 먹이며 이 어미와 딸아이를 보살폈다. 은그릇으로 밥을 먹여 키웠다 해서 아이 이름을 '은장아기'라 지었다.

얼마 없어 홍은소천구부인은 다시 아이를 가졌다. 낳고 보니 또 딸이었다. 이번에도 동네 사람들이 도와주었다. 그러나 처음만큼 성의는 없었다. 이번은 놋그릇에 밥을 해다 주는 것이었다. 그래서 이 둘째딸은 '놋장아기'라 이름지었다.

다시 셋째딸이 태어났다. 이번도 동네 사람들이 전과 같이 도와주었으나 성의는 식어 있었다. 검은 나무바가지에 밥을 해다 먹여 키워주는 것이다. 그래서 이 아이 이름은 '가믄장아기'가 되었다.

은장아기·놋장아기·가믄장아기 세 딸은 잘 자랐다. 특히 가믄장아기가 태어난 후 이상하게도 운이 틔어 부부가 하는 일마다 척척 들어맞아갔다. 하루하루 돈이 모였다. 앉아도 돈, 누워도 돈이 들어오니 없던 전답이 생기고, 마소가 우글대고, 고랫등 같은 기와집에 풍경을 달고 살게 되었다. 강이 영성과 홍은소천은 상다락·중다락·하다락을 지어놓고, 딸 셋을 놀음놀이시키며 태평스런 나날을 보냈다.

세월은 흘러흘러 딸들은 열다섯 살이 넘어갔다. 호강스런 세월이 흐르다보니, 강이영성과 홍은소천 부부에겐 거지 생활을 하며 얻어먹던 그날들이 남의 일처럼 잊혀져갔다. 품팔이하던 그날들의 고생은 또 언제 있었더냐고 오만해지게 되었다.

내 배꼽 아래 선그믓 덕

가랑비가 촉신촉신 내리는 어느 날이었다. 부부는 심심하기 이를 데 없었다. 딸들이나 불러 앉혀 문답놀이하며 호강이나 피우고 싶어졌다. 먼저 맏딸부터 불러들였다.

"큰딸아기 이리 오라. 은장아기야, 너는 누구 덕에 먹고 입고 하느냐?"

"하늘님도 덕이고 지하님도 덕이지만, 첫째는 아버지, 어머니 덕으로 먹고 입고 삽니다."

"오, 기특하다. 어서 네 방으로 가거라."

"둘째 이리 오너라. 놋장아기야, 너는 누구 덕에 먹고 입고 하느냐?"

"하늘님도 덕이옵고, 지하님도 덕이옵고, 또한 아버지 덕, 어머니 덕 때문이지요."

"기특하다, 놋장아기. 어서 네 방으로 가거라."

두 딸이 부모의 덕을 칭송하니 부부 마음은 흡족했다. 이번엔 막내딸을 불렀다.

"작은딸아 이리 오너라. 가믄장아기야, 너는 누구 덕에 먹고 입고 하느냐?"

"하늘님도 덕이요, 지하님도 덕이요, 아버지 덕, 어머니 덕이긴 하지만, 뭐니 뭐니 해도 첫째는 내 배꼽 아래 선그믓 덕입니다."

부모님 덕이라고 칭송할 줄 알았던 부부는 발칵 화가 났다. 더구나 '배꼽 아래 선그믓'이라면 여자의 성기를 일컫는 것이니 더한 망발이 있을 데가 없었다.

"이런 불효막심한 여식이 어디 있겠느냐! 어서 빨리 나가거라!"

벼락같은 호통이 떨어졌다. 이런 자식은 일시도 집안에 그냥 둘 수가 없다는 것이다.

가믄장아기는 입던 옷들과 노자로 바꿀 만한 의복들을 한데 모아 짊어지고 집을 나섰다.

"어머니 살 살암십서. 아버지 잘살고 계십시오."

인사말을 남기고 문밖 멀리로 사라져간다. 불효스런 딸자식이긴 하나, 내보내고 나니 강이영성과 홍은소천 부부는 몹시 섭섭하고 허전해졌다. 그냥 앉아 있을 수가 없었다. 가믄장아기를 다시 불러들이기로 했다. 큰딸을 불렀다.

"큰딸아기야 은장아기야, 얼른 나가보아라. 설운 딸아기 식은 밥에 물 말아놓은 것이라도 먹고 가라고 말해라."

은장아기는 부모가 가믄장아기를 다시 불러들이려는 속셈을 알았다. 똑똑한 가믄장아기를 다시 불러들이면 부모의 사랑이 거기로 옮겨질 우려도 있고, 장차 재산을 가르는 문제 등등에 이로울 게 하나도 없었다. 시기심이 치밀어올랐다.

은장아기는 문밖으로 내달아 노둣돌 위에 올라서는 큰 소리로 외쳤다.

"설운 아우야. 어서 빨리 가라! 아버지, 어머니 널 때리러 나온다."

가믄장아기는 이렇게 외치는 언니의 속셈을 모를 리 없었다. 고약하다는 생각이 들었다. 고약한 전상에는 값이 있다는 걸 보여줘야 했다.

"큰형님, 노둣돌 아래로 내려서거든 청지네 몸으로나 환생합서."

이렇게 중얼거리니, 은장아기가 밑으로 내려서자마자 청지네 몸이 되어 노둣돌 밑으로 스륵스륵 들어가버리는 것이었다.

강이영성과 홍은소천 부부는 가믄장아기를 데리고 들어오는가 한참 기다렸다. 그러나 데리러 나간 은장아기마저 어디 갔는지 소식이 없었다.

이번엔 둘째딸을 불렀다. 마찬가지로 가믄장아기를 불러오라고 했다. 둘째딸 놋장아기도 질투가 솟구쳤다. 은장아기와 가믄장아기 사이에 끼여 늘 제값을 차지하지 못했던 탓이다. 문밖에 나와 두엄 위에 올라선 놋장아기는 은장아기와 똑같은 소리를 질러댔다.

"가믄장아기야, 설운 동생아! 어머니, 아버지가 부지깽이 들고 때리러 오니 빨리빨리 가버려라!"

놋장아기의 악한 마음씨를 알아챈 가믄장아기는 역시 '요 비뚤어진 전상에도 값이 있다는 걸 보여주리라' 했다.

"놋장아기 언니, 두엄 아래로 내려서거든 굼벵이 몸으로나 환생합서."

놋장아기는 두엄 아래로 내려서자 곧 굼벵이 몸이 되어 꿈틀꿈틀 두엄 속으로 기어들어가버렸다.

강이영성과 홍은소천 부부는 방 안에 마주 앉아 한참을 기다렸으나, 데리러 간 놋장아기마저 소식이 없었다.

"이게 어인 일인고?"

순간 불길한 예감이 머리를 스쳤다. 무슨 일인가 벌어진 게 틀림없었다. 얼른 나가봐야겠다고 문을 와락 밀치며 밖으로 내달았다.

밖으로 내닫는 순간, 문지방에 걸려 넘어지면서 눈을 세게 부딪힌 부부는 아연 봉사가 되고 말았다. 호강에 겨워 마음의 눈이 멀자, 덩달아 육신의 눈마저 멀어버리게 된 것이었다.

그날부터 강이영성과 홍은소천 부부는 가만히 앉아서 먹고 입고 쓰게 되었다. 한 달 두 달 세월이 흘러가니 그 많던 재산도 온데간데없이 되고, 마침내 부부는 다시 거지로 나서지 않으면 안 되었다.

"가믄장아기가 있어 생긴 재산, 가믄장아기가 없으니 도로 물거품이로구나!"

강이영성과 홍은소천은 탄식을 거듭했지만 이미 소용없는 일이었다. 부부는 한 막대기를 앞뒤로 나눠 쥐고 이 동네 저 동네 떠돌아다니며 문전걸식으로 먹고사는 신세가 되었다.

마퉁이네 집

한편, 집을 나간 가믄장아기는 정처 없이 길을 걸었다. 이 재 넘고 저 재 넘어 무작정 길을 가는 것이었다.

눈물은 앞을 가리고 가도 가도 허허벌판, 해는 어느덧 서산에 기울고 있었다. 어디 인간처가 있어야 이 밤을 샐 텐데 집 한 채 보이지 않았다. 한참 걸음을 재촉하다보니, 다 쓰러져가는 초가가 하나 멀리 보였다. 대추나무 기둥에 거적문을 단 비슬이 초막이었다. 저녁놀을 뒤로 받으며 그 집으로 들어갔다. 집에는 머리가 허연 할머니와 할아버지만 있었다.

가믄장아기는 사정조로 말했다.

"지나가는 행인인데, 날이 저무니 하룻밤만 머물러 가게 해주십시오."

할머니, 할아버지는 난처한 표정을 지었다.

"우리 집엔 아들이 삼 형제나 있어 처자가 누워 잘 방이 없으니 딱하구려."

가믄장아기는 또 사정을 했다.

"정지 구석이라도 좋으니, 제발 하룻밤만 머물러 가게 해주십시오."

부엌이라도 좋다는 말에 겨우 허락이 되었다.

가믄장아기가 부엌에 들어가 숨을 돌리고 있는데, 바깥에서 와당탕와릉탕하는 소리가 들려왔다.

"이건 무슨 소리입니까?"

"우리 집 큰마퉁이가 마를 파서 울려오는 소리요."

알고 보니 마퉁이네 집이었다. 아들 삼 형제가 마를 파다가 그것으로 먹고살아가는 것이다.

큰마퉁이가 들어왔다. 부엌 쪽을 힐끗 보더니 고래고래 욕을 퍼붓는다.

"요 어멍, 아방, 우린 애쓰게 마 파다가 배불리 먹이다보니, 넘어가는 떼깐아이 데려다 노시는군."

조금 있으니, 다시 바깥에서부터 와당탕와당탕 소리가 들려왔다.

"이건 무슨 소리입니까?"

"우리 집 샛마퉁이 마 파서 들어오는 소리요."

둘째 마퉁이도 들어와서 한번 휘둘러보더니 욕을 해댔다.

또 한 번 와당탕우둥탕 소리가 들려왔다. 이것은 작은마퉁이가 마를 파서 들어오는 소리라 했다. 모두 육중한 몸집의 거구들이었다. 작은마퉁이는 들어오면서 한번 휘둘러보더니 가믄장아기를 보고 벌쭉 웃는다.

"하, 이거 우리 집에 난데없는 고운 처자가 들어왔으니, 어느 하늘에서 도우시는 일이 아닌가?"

가믄장아기는 부엌 구석에 앉아 세 형제의 행동을 곁눈으로 살폈다. 세 형제는 각각 파가지고 온 마를 삶아 저녁을 마련하기 시작했다.

먼저 큰마퉁이가 마를 삶았다.

"어멍, 아방은 먼저 나서 많이 먹었으니, 모가지나 먹읍서."

마를 꺼내 모가지 쪽을 몇 개 뚝뚝 꺾어 부모에게 넘기고, 자기는 살이 많은 잔등이 쪽을 우막우막 먹고, 꼬리는 끊어 손님에게 툭 던져주는 것이다.

둘째 마퉁이가 마를 삶았다. 그 또한 다르지 않았다.

"어머니, 아버지는 오래 살면서 많이 먹었으니 꼬리 쪽으로나 먹읍서."

하며 꼬리를 몇 개 끊어 부모에게 넘기고, 대가리 쪽은 끊어 손님에게 주었다. 그러고는 살이 많은 잔등이 쪽은 자기가 우막우막 먹는 것이었다.

다음은 작은마퉁이 차례. 작은마퉁이는 마를 삶더니,

"설운 어머니 아버지. 우리들 삼 형제 낳아서 키운 공이 얼마나 큽니까. 게다가 이제 살면 몇 해를 더 살 것입니까."

양쪽 끝을 꺾어두고 살이 많은 잔등이 부분을 늙은 부모에게 드리는 것이다. 가믄장아기는 '쓸 만한 사람은 작은마퉁이밖에 없구나' 생각했다.

마를 다 삶고 나니, 가믄장아기는 솥을 빌려 저녁을 지어

먹기로 했다. 솥은 마만 자꾸 삶아놓아 마껍질이 잔뜩 눌어 있었다. 수세미를 가지고 깨끗이 씻은 후 나락쌀을 씻어놓아 밥을 했다.

"문전 모른 공사 있으며, 주인 모른 나그네 있겠습니까?"

기름이 번질번질한 이밥을 떠서 한 상 차리고, 우선 할머니, 할아버지에게 들어갔다. 할머니, 할아버지는 조상 대에도 아니 먹었던 것이라면서 먹지 아니한다. 가믄장아기는 큰마퉁이에게 상을 들여갔다. 큰마퉁이도 "이런 벌레밥, 아니 먹겠다"면서 오히려 화를 냈다. 둘째마퉁이에게 들여가도 역시 마찬가지였다.

가믄장아기는 마지막으로 작은마퉁이에게 밥상을 들여갔다. 작은마퉁이는 서른여덟 잇바디를 온통 드러내 웃으면서, 한 번에 병아리만큼씩 밥을 떠먹는 것이었다.

큰마퉁이, 샛마퉁이가 창구멍으로 동생 밥 먹는 것을 보니, 여간 맛이 있어 보이지 않았다. 침을 꼴깍 삼키면서,

"아우야, 우리도 한술 다오. 먹어보자."

"하하, 형님들. 자십사고 할 땐 말았다가 이젠 먹고 싶습니까?"

작은마퉁이는 가운데의 더운밥을 떠서 형들의 손바닥에 놓아주었다. 형들은 뜨거워서 푸푸 입김을 불어가며 할쭉할쭉 먹는 것이었다.

같이 잠잘 아들 하나 보내주시오

맛있는 저녁식사가 끝났다. 밤이 깊어 모두들 잠자리에 들게 되었다.

가믄장아기는 혼자 자는 것이 섭섭했다. 할머니, 할아버지더러 이렇게 말했다.

"발이 시리니, 저하고 발 막아 누울 아들이나 하나 보내주십시오."

이 부탁을 들은 할머니 할아버지는 깜짝 놀랐다. 처녀가 같이 잠잘 아들을 부탁하다니 이런 일은 듣기도 보기도 처음이었던 것이다. 아무튼 예사처녀가 아니라는 생각이 들었다. 잘하면 산 구석에서 자칫 홀로 늙어갈 아들들 장가보낼 수 있을지도 모른다.

할머니, 할아버지는 큰마퉁이더러 가라고 했다. 큰마퉁이는 대뜸 "안 간다"고 했다. 길 가던 떼깐아이라서 싫다는 것이다. 둘째마퉁이더러 가라고 해도 고개만 갸우뚱갸우뚱 가지 않았다. 할 수 없이 작은마퉁이더러 가라고 하자, 작은마퉁이는 기뻐하며 냉큼 들어가는 것이었다.

가믄장아기와 작은마퉁이는 꽃을 본 나비처럼, 나비를 맞은 꽃처럼 향기로운 숨소리를 나누었다. 그러니 연분은 늘 따로 있는 법이었다. 길에서 만난 강이영성이서불과 홍은소천구부인이 그러했듯이.

다음 날, 가믄장아기는 작은마퉁이를 목욕시키고 새 옷으로 갈아입혔다.

줄누비바지에 콩누비서고리를 입히고, 코제비버선에 태사신을 신기고, 외울망건과 갓을 씌우고, 그 위에 모시중치막을 걸치게 했다. 입고 나니 작은마퉁이는 처자들이 반할 만한 훤한 인물에 풍신 좋은 선비가 되었다.

"낭군님, 저 올레 하마석에 가 서세요."

가믄장아기는 작은마퉁이한테 말했다. 시키는 대로 작은마퉁이가 그렇게 곱게 차려 서 있는데, 큰마퉁이가 망태기에 호미 집어넣고 마 파러 가다가 그 모습을 보았다. 어떤 신선이 서 있으신가, 저도 몰래 절을 꾸벅하니,

"형님, 웬일로 저한테 절을 다 하십니까?"

"아이쿠, 아우인 줄 몰랐다."

큰마퉁이는 그제야 후회가 들었다.

'허, 어젯밤 그거 내가 갈 걸!'

둘째형도 나오다 절을 꾸벅하고는,

"아이구, 몰랐다."

샛마퉁이도 후회가 막심했다.

'어젯밤, 내 못 간 전상이로구나!'

가믄장아기는 낭군더러 마 파던 데 구경이나 가자고 했다. 둘이는 손목 잡고 마 파던 들판에 구경을 나갔다.

큰마퉁이가 마 파던 구덩이를 먼저 보았다. 거기에 누릇누릇한 것이 있길래, 무엇인가 살펴보니 똥만 물락물락 쥐어졌다. 샛마퉁이가 마 파던 구덩이를 가보았다. 길쭉길쭉한 것들이 엉켜 있었다. 가만히 보니 뱀과 지네 같은 것들만 우글거리고 있었다.

마지막으로 작은마퉁이가 마 파던 데를 가보았다. 자갈이라 해서 던져버린 것들을 주워 손으로 싹 쓸어보니, 번쩍번쩍하는 금덩이들이었다.

"이것들을 멱서리에 모두 주워놓으세요."

가믄장아기가 말하자, 작은마퉁이가 의아해한다.

"돌을 주워놓아 무얼 한단 말이오?"

가믄장아기는 조용히 미소만 지을 따름이었다.

둘이는 그 금덩이들을 한 짐 실어 집에 가져갔다. 금덩이로 마소를 사고 전답을 사 농사를 지으니 가믄장아기와 작은마퉁이는 곧 큰 부자가 되었다. 처마 높은 기와집에 풍경을 달고 와라치라 하며 잘살게 되었다.

열나흘간의 걸인잔치

살림이 좋아지면서 가믄장아기는 부모 생각이 간절했다. 자기가 집을 나오자 부모는 봉사가 되고 거지가 되어, 이 집 저 집을 돌면서 얻어먹고 있으리라는 것을 가믄장아기는 잘 알고 있었다. 그래서 큰 부자로 살면서도 잇몸 드러내며 웃는 일이 좀체 없었다.

하루는 작은마퉁이가 물었다.

"우리 이렇게 편안히 사는데, 부인은 왜 얼굴을 펼 때가 없으시오?"

가믄장아기는 어쨌든 부모를 찾아봐야 하겠다고 마음을 정하고, 남편의 물음에 답했다.

"우리가 천하 거부로 잘살고 있으니, 이제 세상의 모든 얻어먹고 사는 사람들을 모아 두이레 열나흘 동안 걸인잔치를 한다면 잇몸 드러내며 웃을 일이 날 것입니다."

"그건들 어려우리오."

남편은 쾌히 허락해주었다. 부모가 거지가 되었다면 걸인 잔치를 열나흘간 열고 있으면 틀림없이 소문을 듣고 찾아올 것이었다.

잔치는 시작되었다. 소문에 소문이 번져 날이 갈수록 모여드는 거지의 수는 늘어갔다. 가믄장아기는 걸인잔치를 직접 지휘하면서 들어오는 거지마다 꼼꼼히 살폈다. 그러나 사흘, 나흘, 열흘이 지나도 어머니 아버지는 보이지 않았다.

열나흘째 날, 잔치의 마무리를 짓는 날이다. 아침부터 모여드는 거지들을 가믄장아기는 초조한 마음을 누르며 지켜보고 있었다.

날이 거의 저물 무렵, 저만치서 눈에 익은 두 거지가 보이기 시작했다. 할머니 거지와 할아버지 거지가 막대기 하나를 나눠 짚고 더듬더듬 걸어오는 것이었다. 강이영성이서불과 홍은소천구부인이었다. 가믄장아기는 그 초라한 모습에 새삼 놀랐다가 곧 예사 표정으로 돌아갔다. 이어서 역군들을 불러 조용히 지시했다.

"저 거지들이 위쪽에 앉아 얻어먹으려 하거든 아래쪽부터 먹여가다가 떨어버리고, 아래쪽에 앉아 얻어먹으려거든 위쪽부터 먹여오다가 떨어뜨리고, 가운데 쪽에 앉거든 양쪽으로 먹여오다가 떨어버리도록 하라."

부부 봉사 거지는 먼저 얻어먹어보려고 위쪽으로 가서 자리를 잡았다. 그릇 소리는 달각달각 나지만 끝내 자기들 차례까지는 돌아오지 않았다.

"아이참, 밥이 다 떨어져버렸네!"

아래쪽으로 자리를 옮겨보고, 가운데 쪽으로 자리를 옮겨

봐도 역시 마찬가지였다. 이리저리 자리를 옮기다보니 날은 다 저물고 걸인잔치도 끝장이 나게 되었다.

부부 거지는,

"아이고, 데이고! 두이레 열나흘째 왔다마는, 밥도 한 술 못 얻어먹는 팔자로구나!"

울며 탄식하며 그냥 나가려 했다.

저 전상으로 밥 한술 못 얻어먹는구나

마침 잔치에 왔던 모든 거지들이 다 먹고 나가자, 가믄장 아기는 계집종을 시켜 이 부부 거지를 사랑방으로 모시도록 했다. 상다리가 부러지게 잘 차리고 귀한 약주로 대접하려는 것이었다.

계집종들이 귀한 상을 차려 막 사랑방으로 들이는데, 두 봉사는 난데없이,

"똥개 오는구나!"

하면서 지팡이로 상을 와싹와싹 두들겨대니 음식 가득한 상이 모두 엎질러지고 말았다.

그 광경을 보던 가믄장아기는 속으로 탄식한다.

'어이구, 우리 어머니 아버지 저 전상으로 따뜻한 밥 한술

못 얻어먹는구나.'

가믄장아기는 바가지에 밥을 넣고 물을 말아, 탁주 한 사발과 함께 사랑방으로 들이도록 했다.

"하루 종일 못 드셨으니 이거라도 잘 잡수십시오."

부부 거지는 배가 고프니 바가지 물밥일망정 허웃허웃 먹어대고 탁주도 꿀럭꿀럭 달디달게 마셨다.

얼마 후, 가믄장아기가 사랑방으로 들어와 말을 걸었다.

"이 할망 하르방님, 옛말이나 해보세요. 들을 테니."

"들은 옛말도 없습니다."

부부 거지는 시큰둥하게 말했다.

"그럼, 살아온 말이라도 해보세요. 전에는 잘살았습니까?"

"살아온 말이라면 할 게 있습니다."

두 거지는 옛날이야기를 읊조리기 시작했다. 하다보니 설움이 복받쳐 반 노랫조의 타령이 되었다.

"어히, 강이영성이서불, 홍은소천구부인, 젊은 시절, 거지로 얻어먹으러 다니다가 부부가 되었주…… 은장아기·놋장아기·가믄장아기를 차례로 낳고 일약 거부가 되어, 호강허였주, 참으로 호강허였주…… 그러다가 가믄장아기를 내쫓고 봉사가 되었주…… 은장아기도 잃어버리곡, 놋장아기도 잃어버리곡…… 재산도 없어지곡, 다시 거지로 얻어먹으러 이 동네, 저 동네 헤매염주…… 어히이, 욕심에 눈이 멀었주……. 어히이이, 호강에 눈이 멀었주……."

신세타령에, 뼈아픈 후회에, 두 부부의 옛날이야기는 오래오래 이어졌다.

눈물을 흘리며 듣고 있던 가믄장아기는 약주를 잔이 넘치게 부어 들었다.

"이 술 드십시오. 천년주입니다. 설운 어머니 설운 아버지, 술 한 잔 올립니다. 제가 가믄장아깁니다."

"이! 이! 이! 어느 거 가믄장아기?"

부부는 깜짝 놀라 받아든 술잔을 털렁 떨어뜨렸다. 가믄장아기를 보려고 떠지지 않는 눈을 부릅뜨려는 순간, 눈이 팔롱하게 밝아졌다.

자청비

하늘을 셋으로 나누다

천지왕은 하늘궁전에서 모든 곳의 모든 것을 관장했다. 천상과 지상, 이승과 저승뿐 아니라 서천꽃밭에다 바다까지 총괄하려니 천지왕은 쉴 틈이 없었다. 각각 소임을 맡은 신들이 있기는 했으나 그 위계와 역할을 조정하는 것이야 천지왕의 일이었기 때문이다.

하늘궁전이 있는 하늘만도 너무나 넓었다. 천지왕은 일단 하늘을 세 곳으로 나누기로 했다.

"동쪽 하늘은 동수왕, 서쪽 하늘은 서수왕, 가운데 하늘은 문성왕이 갈라 맡아 다스리도록 하라."

하늘의 구역이 정해지고 왕들이 임명되자 천지왕은 오랜만에 깊은 휴식에 들어갈 수 있었다. 천상천하는 그지없이 평화로웠다.

바람둥이 문 도령

가운데 하늘을 갈라 맡은 문성왕에겐 아들 하나가 있었다. 그러나 아들 문 도령은 워낙 잘생긴데다 신녀(神女)들한테 관심이 많아 하늘궁전의 바람둥이로 소문이 나 있었다. 오늘은 동수왕 누이를 따라다니는가 하면 다음 날은 서수왕 이모를 집적거리는 등, 문 도령을 싸고도는 숱한 염문 때문에 문성왕이 골치를 앓았다.

문성왕은 근심 끝에 바람둥이 아들한테 일단 공부를 시키기로 마음먹었다. 사실 천상천하를 관장하는 하늘궁전에야말로 유식한 신들이 많아야 하지 않겠는가. 더구나 문 도령은 장차 아버지 문성왕을 이어 가운데 하늘을 다스려야 할 고귀한 신분이었다. 문성왕은 문 도령한테 말했다.

"더 늦기 전에 땅으로 내려가 훌륭한 스승한테 글을 배우도록 하라."

문 도령은 귀가 번쩍 뜨였다.

'땅에도 물론 아름다운 여자들이 있지 않겠는가!'

아버지 문성왕의 기대와는 달리 문 도령은 이젠 땅의 여인들한테 관심을 가지게 되었던 것이다.

주년국 자청비

이때 주년국 땅에 자정국 대감의 외동딸 자청비가 있었다. 대감 내외가 오랫동안 자식 없어 애를 태우다가 어렵사리 얻은 딸인데, 양친의 극진한 사랑 속에 상다락·중다락·하다락을 오르내리며 나날이 놀이에 여념이 없었다. 그런 자청비가 열다섯 처녀가 되자, 자정국 대감부부는 딸에게 베틀을 마련해주었다. 자청비는 매일처럼 베틀에 올라 비단을 짜며 사랑의 노래를 불렀다.

어느 날 상다락에 앉아 공단을 짜던 자청비는 문득 계집종 정술덕이의 손에 눈이 갔다. 손이 새하얗게 고왔던 것이다.

"정술덕아, 너는 어찌 손이 이리도 고우냐?"

정술덕이는 아가씨의 순진한 질문에 절로 웃음이 나왔다.

"그야 매일 주천강 연화못에 가, 빨래도 하고 설거지도 해야 하니 손이 곱습지요."

"그래? 그럼 나도 손이 고와지게 빨래나 같이 해볼까?"

자청비는 입던 옷들을 대바구니에 주워 담고 총총걸음으로 주천강 연화못 빨래터에 갔다.

마침 이 무렵, 가운데 하늘 문성왕 아들 문 도령이 거무 선생네 서당에서 글공부하기 위해 지상으로 내려오고 있었다. 거무 선생 서당은 하늘에까지 그 명성이 자자했던 것이다. 주천강 연화못에 이르러 문 도령은 빨래하는 한 아리따운 아가씨를 발견했다. 한눈에 하늘에도 없고 땅에도 없는 빼어난 미모임을 알 수 있었다.

문 도령이 누구인가. 미인을 발견한 터에 도저히 그대로 발길을 돌릴 수 없었다.

"아가씨, 길 가는 나그네이온데 물 좀 얻어 마실 수 있으리까?"

자청비가 고개를 들어 말 거는 이를 바라보니, 역시 세상에 처음 보는 눈부신 미남자였다. 자청비는 자못 부끄러워하며 바가지에 물을 뜨고 버들잎을 훑어 놓아 건넸다.

"하하, 아가씨. 어찌 맑은 물에다 티를 섞어놓으시오?"

"도련님이 급히 길을 가시는 것 같아 천천히 마시도록 일부러 넣었습니다. 물 체에는 약도 없답니다."

문 도령은 감탄하며 천천히 물을 마셨다. 물맛이 정말 달왔다.

그러나 더 해볼 말이 없으니 어쩌랴. 머뭇거리다가 그냥 아쉬운 발길을 돌릴 수밖에.

"물 잘 마셨소이다."

문 도령이 계속 길을 가려는데 뜻밖에 자청비가 입을 열었다.

"도련님은 어딜 가시는 길입니까?"

"하늘궁전에까지 명성이 높은 거무 선생께 글공부하러 가는 길입니다."

자청비의 눈이 반짝 빛났다.

"도련님, 우리 오랍동생도 거무 선생께 글공부를 가려는 참인데 벗이 없어 떠나지 못하고 있습니다. 같이 벗하여 가시면 어떻습니까?"

준비도 없던 말이 술술 나왔다. 아무튼 하늘에서 내려온 이 미남자를 그냥 보낼 수가 없었던 것이다.

"그야 어렵지 않은 일이오."

대답을 듣자, 자청비는 급히 빨랫감을 거두어 담았다. 문 도령을 데리고 집 앞까지 가서 잠시 기다리면 동생을 보내겠다 하고 안으로 들어갔다.

황급히 아버지 자정국 대감 방으로 달려간 자청비는 무릎 꿇고 청을 올렸다.

"아버지, 저도 다른 선비들처럼 글공부를 하면 어떻겠습니까?"

"계집년이 글공부가 다 무엇이냐!"

열다섯 되기까지야 금지옥엽일지언정, 여식이란 아무리 귀하게 길러봐야 시집 보내버리면 그만인 것을.

그러나 자청비는 쉽게 물러서지 않았다.

"아버지, 늘그막에 딸자식 하나 얻어놓았는데, 내일이라도 아버지가 세상을 떠나시게 되면 제사 때 축문이며 지방은 누가 쓸 것입니까? 제가 공부하여 쓰렵니다."

자정국 대감은 사실 그게 가장 큰 걱정거리이기도 했다.

"글쎄, 그 말도 듣고 보니 옳긴 옳구나. 하지만 과연 도령들과 함께 공부할 수 있겠느냐?"

"제가 어느 분 여식이옵니까. 아버지 고귀한 피를 물려받았으니 얼마든지 어깨를 나란히 공부할 수 있습니다."

"허허, 가상하구나. 그럼 어서 가서 할 수 있는 데까지 해보아라."

자청비는 쾌재를 올렸다. 황급히 남자 의복으로 갈아입은 자청비는 한아름 책을 안고 문밖으로 내달았다.

자청도령 행세하는 자청비

문 도령은 문밖 멀리서 기다리고 있었다.

"처음 뵈옵니다."

자청비의 남동생인 체하여 자청비가 먼저 인사를 했다.

"나는 자청 도레(道令)이온데, 누님한테 말씀 잘 들었습니다."

"반갑소. 나는 중하늘 문성왕의 아들 문 도령이오."

인사를 하면서도 문 도령은 기이하게 생각했다.

'남매가 얼굴이 비슷할 거야 당연한 노릇이지만, 이렇게도 닮을 수 있는가?'

둘이는 나란히 말을 타고 거무 선생 서당으로 갔다.

그날부터 문 도령과 자청 도레는 둘이서 한솥밥을 먹고 한 이불 속에 잠을 자고 서당에 함께 앉아 글을 읽기 시작했다.

남녀가 한 방에서 생활하는데 그 기미가 전혀 안 드러날 리 없었다. 날이 갈수록 문 도령이 의심하는 눈치였다. 자청비는 미리 대책을 세워야겠다고 생각했다.

어느 날 저녁 자청비는 은대야에 물을 가득 떠다 놓고 은저, 놋저를 걸쳐두고 잠을 청했다. 문 도령은 무슨 까닭인지 알 수 없었다.

"자청 도레야, 너는 어째서 은대야에 물을 떠다 놓고 옆에 자느냐?"

"글공부 올 때 아버지가 말씀하시기를 '은대야 물을 떠다 옆에 놓고 잠을 자되 은저, 놋저가 떨어지지 않게 자야 글공부가 잘 된다' 하시더라."

자청 도령에게 항상 글공부가 떨어지는 문 도령은 자기도 그렇게 하여 성적을 올리고 싶어졌다.

각각 은대야에 물을 떠다 둘 사이에 놓고 잠을 자기 시작했다. 문 도령은 대야의 젓가락이 떨어질까만 걱정되어 조심조심하다보니 잠을 이루지 못하였다. 이튿날 서당에 가면 글 읽을 생각은 없고 자꾸 졸음만 찾아드는 것이다. 자청비는 젓가락이 떨어지든 말든 걱정이 없었다. 옷을 아래위 홀랑 벗어 던져두고 동쪽으로 돌아누워 한 잠, 서쪽으로 돌아누워 한 잠, 푸진 잠을 자니 성적은 점점 올라갔다. 서당 선비들 가운데 으뜸이 되어가는 것이다.

문 도령은 글공부로 판판이 떨어지자, 무엇이든 한 가지 이겨서 자청도령의 기를 꺾어놓고 싶었다. 그보다도 자청도령이 남자인지 여자인지 그것부터 확인하고 싶은 마음이 더 컸다.

그 궁금증은 서당 거무 선생도 마찬가지였던 모양이다. 걸음걸이를 보나, 앉는 모양새를 보나, 말하는 음성을 들으나 자청비가 분명 여자인 듯싶은 것이다.

"자청 도레야, 너는 가슴이 왜 그렇게 튀어나왔느냐?"

"우리 아버지 가슴은 무릎까지 늘어졌습니다."

"이리 오너라. 만져보자. 남자 가슴은 딴딴하고 여자 가슴은 물씬물씬한 법이다."

거무 선생 앞에 나아간 자청비가 불끈 사족에 힘을 쓰니 가슴이 딴딴해졌다.

거무 선생은 이번엔 옷을 다 벗고 달려보라고 했다. 자청비가 정색하며 아뢴다.

"어머니 몸에서 태어날 때는 알몸으로 나왔어도, 배우고 자랄수록 옷을 더 입는 게 예의라고 배웠습니다."

거무 선생은 무안해졌다.

"그럼 속옷만 입고 달리기 경주를 해보려무나."

달리기 경주 직전, 자청비는 슬쩍 왕대밭으로 들어가 왕대 한 마디를 잘라내고 솔방울 두 개를 주워 가랑이에 달아매었다.

속옷만 입고 달리기를 하는데 아랫도리에서 대나무가 꺼떡꺼떡하고 솔방울이 덜렁덜렁하니 남자의 모습이 역력했다.

그래도 의혹은 떨칠 수 없었지만 거무 선생은 이쯤에서 물러났다. 대신 문 도령이 그런 내기를 하나 생각해내었다.

"자청 도령아, 네가 글재주는 좋지만 딴 재주는 나한테 이길 수 없으리라."

"무슨 재주가 그리 특출한 게 있니?"

"우리 오줌 갈기기 내기를 해봄이 어떨까?"

"하하, 오줌 갈기기? 그래, 헤보자."

대답은 해놓았으나 여자 몸이라 걱정이 안 될 수 없었다. 자청비는 다시 꾀를 내어 가느다란 대 막대기를 잘라다 바짓가랑이에 넣어두었다.

시합이 시작되자 문 도령은 이내 오줌을 갈기는데 여섯 발 반이나 갈겼다. 그러고는 이만하면 어떠냐고 뽐내는 표정이었다. 자청비 차례가 되어 선 채로 "끄응!" 한번 맥을 써 오줌을 갈겼더니, 하문에 꽂힌 대롱을 통해 열두 발 반이나 나갔다. 문 도령은 그 재주마저 지고 보니 면목이 없었다.

공부를 해도, 달리기를 해도, 오줌 갈기기를 해도 자청비한테 이길 수 없는 형편이니 문 도령은 서당에 점점 흥미를 잃게 되었다.

서수왕 따님아기한테 장가들라

문 도령과 자청비가 함께 글공부한 지도 어느덧 3년이 지났다. 하늘궁전에서 문성왕이 걱정되어 아래를 살피니, 아니나 다를까, 문 도령은 글공부에 열심은커녕 남자 같은 여자아이 하나 때문에 매양 전전긍긍하고 있을 따름이었다. 문성왕은 이제 아들을 하늘로 불러올려야 할 때라고 생각했다. 궉새를 날려 편지를 보냈다.

문 도령은 아침 일찍 일어나 마당에서 세수하고 있었다. 하늘에서 궉새가 날아와 머리 위를 감돌더니, 날개에 끼고 온 편지 한 장을 떨어뜨렸다.

"연 3년 글공부했으니, 그만 하고 돌아와 서수왕의 따님아기한테 장가들라."

이런 사연이었다. 문 도령은 그 사연을 곧 자청비에게 알렸다.

문 도령이 장가간다는 말에 자청비는 깜짝 놀랐다. 이제나 저제나 때만 기다리다보니 정작 아무것도 이룬 게 없는 것이다. 자청비의 마음은 착잡하기 그지없었다. 어떻든 문 도령을 떠나보내고 혼자 있을 이유는 없었다.

"그럼 나도 글공부 그만두고 같이 갈 테야."

둘이는 거무 선생을 하직하고 함께 길을 나섰다. 자청비는 이대로 맥없이 헤어지기엔 너무나 안타까웠다. 문 도령은 장가가라는 전갈을 받고 한껏 들떠 있을 따름이었다.

'아직도 나를 남자로 여기는 이 바보……'

그렇게 길을 가다보니, 위아래 나란히 붙은 물통이 나타났다.

"문 도령아, 우리 여기서 목욕이나 하고 가는 게 어때? 3년 동안 공부만 했으니 글때인들 아니 쌓였으랴."

"그것도 좋지."

"문 도령은 글공부도 나한테 뒤지고 달리기 시합을 해도 내게 지니, 아래쪽에서 씻게나."

자청비는 위 물통으로 들어가고 문 도령은 아래 물통으로 들어갔다. 자청비는 물소리만 첨벙첨벙 내면서 문 도령의 거동을 살폈다. 문 도령은 활딱 벗고 들어가더니, 이리저리 왕방창방 헤엄치며 시원스레 멱을 감는 것이었다. 자청비는 가만히 바라보다가 한숨을 쉬고는 버들잎을 주룩 뜯었다. 마지막으로 한 구절 속마음이나 알리고 헤어지자는 것이다.

"눈치 모른 문 도령아, 멍청한 문 도령아, 연 3년 한 이불 속에 잠을 자도 남녀구별 눈치 모른 문 도령아."

버들잎을 이빨로 자근자근 씹으며 글을 새겨 아래 물통으로 띄워두고, 자청비는 몸이 휘어지게 달려 집으로 향했다. 버들잎들은 두둥실 흘러 문 도령의 눈에 띄었다. 이파리마다 글씨 모양의 잇자국들이 선연했다.

"아아, 이게 무슨 일인가!"

문 도령은 그제야 모든 걸 깨달은 것이다. 역시 그랬었구

나. 역시 그랬었구나.

문 도령은 바지는 한쪽 가랑이에 두 다리를 꿰어놓고 저고리는 어깨에 반쯤만 걸친 채 황급히 내달아 언덕 위에 올라 보았다. 벌써 자청비는 저 고개 너머에서 머리만 까마귀 대가리처럼 매쪽매쪽하고 있었다. 문 도령은 두 주먹을 불끈 쥐고 정신없이 뛰었다.

"자청비야! 자청비야!"

문 도령이 숨을 헐떡거리며 자청비 집에 닿았을 때, 자청비는 부끄러운 듯이 문간에서 기다리고 있었다.

"도련님, 여자 몸으로 오늘까지 속여온 것을 용서하십시오. 제가 아버지 어머니께 인사드리고 올 터이니, 제 방으로 가서 아픈 다리나 쉬어 가기 어떻습니까?"

문 도령은 헤벌쭉 웃으며 고개를 끄덕였다.

자청비는 아버지, 어머니께 인사를 갔다. 자정국 대감 부부가 오래 못 본 딸을 반가이 맞는다.

"귀연 내 딸아, 3년 글공부에 몸이나 성히 다녀왔느냐?"

"예, 몸 편안히 다녀왔습니다. 그런데 저하고 3년 동안 글공부하던 동무가 같이 왔사온데, 해가 저물어 더 갈 수 없으니 어찌하면 좋겠습니까?"

"남자냐, 여자냐?"

"여자이옵니다."

"호, 여식을 서당 공부 보낸 게 우리 집만의 일이 아니었구나. 나이가 열다섯이 되었느냐?"

"15세 미만입니다."

"그럼 네 방에 들여 같이 지내다 내일 보내도록 하려무나."

복사꽃 피면 돌아오마

부모를 속여 동침을 허락받은 자청비는 색동 치마저고리로 곱게 단장하고 손수 저녁상을 차렸다. 상 앞에 마주 앉은 두 남녀가 만단정회를 나누며 술잔을 서로 기울이니 한 잔은 인사주요, 두 잔은 대접주요, 석 잔은 친구주요, 넉 잔은 합환주였다. 밤이 깊어 한 이불 한 요에 잣베개 같이 베고 누워 자청비와 문 도령은 3년 눈 속인 사랑을 풀었다.

짧은 밤이 지나고, 어느새 두 사람의 이별을 재촉하는 새벽닭이 목을 들기 시작했다.

"문 도령님, 날이 샙니다. 행차 때가 되었으니, 노각성자부줄로 어서 하늘궁전에 오르십시오."

두 남녀는 서로 손을 붙든 채 눈물만 흘리며 석별을 아쉬워했다. 문 도령은 복숭아 씨 한 방울을 내주며 꽃이 피기까지는 돌아오마 약속하고 하늘궁전으로 떠났다.

자청비는 자기 방 창문 앞에 복숭아 씨를 심었다. 그러나 뿌리 난 데 줄기 뻗고 줄기 뻗은 데 꽃송아리가 열려도 문 도령은 돌아올 줄 몰랐다.

머슴 정수남이

자청비는 수심으로 세월을 보내고 있었다. 겨울이 가고 철 따라 봄은 다시 찾아왔다. 봄볕 따사로운 어느 날, 상다락에 올라앉은 자청비는 남창문을 열어놓고 오늘인가 내일인가 문 도령 돌아오기만 기다리고 있었다. 그러나 기다리는 문 도령은 오지 않고 남의 집 종놈들이 땔감을 싣고 오는 마소의 행렬만 보이는 것이다. 얼렁떨렁 몰고 오는 쇠머리엔 저마다 울긋불긋 진달래가 꽂혀 있어, 마치 소 모는 소리에 맞추어 일제히 춤을 추는 듯했다. 그 꽃의 행렬이 한량없이 고왔다.

'고운 꽃이라도 있으면 차라리 시름도 잊을 것을……. 저 꽃이라도 하나 얻어볼까?'

이렇게 생각하며 밖으로 나오다 자청비는 머슴인 정(情)이엇인(없는) 정수남이와 마주쳤다. 정수남이는 양지바른 데 앉아 바지 허리를 뒤집어놓고 이를 뚝뚝 잡고 있는 중이었다.

"정이엇인 정수남아, 아이고 추접하구나. 배불리 먹기만 하고 일도 없이 이 사냥만 하기냐? 저거 봐라. 쇠머리에 진달래꽃 꽂아놓고 얼렁떨렁 방울소리 내며 땔감 해오는 게 오죽 보기 좋으냐!"

자청비는 야단을 늘어놓았다. 정수남이는 아가씨의 유난스런 꾸중이 다 오지 않는 문 도령 때문임을 짐작했다.

"아가씨, 외양간에 소 아홉 마리, 마구간에 말 아홉 마리, 소 길마 말 길마 고루 갖춰 차려주시면 쇤네도 내일은 땔감 하러 가오리다."

정수남이는 기골이 장대한 만큼 목소리도 우렁우렁 집 안팎을 울렸다.

"게으른 것이 말 하나는 걸지게 하는구나."

다음 날 정이엇인 정수남이는 소 아홉 마리, 말 아홉 마리에 길마를 지워놓고, 황기 도끼를 어깨에 둘러메고 집을 나섰다.

"이 소야, 이 말아, 어서어서 굴미굴산 올라가자."

열여덟 마소의 궁둥이를 채찍질하며 굴미굴산에 올라가니 다리도 아프고 허리도 아팠다. 한숨 돌리고 일을 시작하리라 마음먹고 동서로 뻗은 가지에 소 아홉 마리, 말 아홉 마리를 매어놓은 정수남이는 비스듬히 풀밭에 누웠다. 그러나 잠시 쉬려던 것이 곧 깊은 잠에 빠져들고 말았다. 이리 뒤척이며 한 잠, 저리 뒤척이며 한 잠, 계곡이 무너져라 웅장한 소리로 코를 골며 잠을 자다보니 몇날 며칠을 잤는지 소 아홉 마리, 말 아홉 마리는 그새 애가 말라 모조리 죽어버렸다.

'에이, 이왕 죽어버린 것을 어이하리.'

정수남이는 나무들을 산더미처럼 쌓아놓고 그 위에 소와 말들을 던져 올렸다. 나무에 불을 붙이자 산불이라도 난 듯 계곡이 붉게 타올랐다. 거대한 불잉걸에 소와 말 열여덟 마리가 한꺼번에 구워지기 시작했다. 고기 익어가는 냄새가 고소하니, 정수남이는 손톱으로 쇠가죽·말가죽을 벗겨가며 익었는가 한 점, 설었는가 한 점 먹어보았다. 그러다보니 마소 열여덟 마리가 곧 온데간데없이 사라졌다. 남은 것은 쇠가죽 아홉 장에 말가죽 아홉 장뿐이었다.

날이 저물어 정수남이는 마소의 가죽들을 한꺼번에 짊어지고 산을 내려왔다.

오리소(沼)를 지나는데 알록달록 예쁜 오리들이 노닐고 있었다.

"우리 집 자청비 아가씨는 고운 것만 보면 좋아하니, 저 오리나 잡아다 상전님을 달래고 저녁밥이나 얻어먹자."

정수남이는 오리를 겨냥하여 어깨에 둘러멨던 황기도끼를 잡아 던졌다. 그러나 오리들은 다 날아가고 도끼만 연못

속에 빠지고 말았다.

도끼를 찾아내는 수밖에 없었다. 정수남이는 등에 졌던 가죽은 길가에 놓아두고 옷을 훌훌 벗어 오리 소에 뛰어들었다. 풍덩풍덩 물속을 아무리 뒤져봐도 도끼는 찾을 수 없었다.

도끼마저 잃고 가는 것이 안 되었지만 단념할 수밖에 없었다. 그러나 연못 바깥으로 나온 정수남이는 그새 가죽도 자기 옷도 몽땅 없어졌다는 것을 알았다. 도둑놈이 어디선가 엿보다가 마소 가죽과 옷을 훔쳐가버린 것이다.

'허어, 이 노릇을 어이할꼬.'

사방을 둘러보니, 누리장나무 이파리가 바람결에 번들번들하고 있었다. 정수남이는 넓은 잎들을 뜯어다가 댕댕이덩굴로 엮어, 정수남이와 한동갑의 거대한 아랫도리 원수님을 감추었다. 한길로 가자 하니 남이 웃을 듯해서, 소로로 길을 잡아 걸음을 재촉했다.

집에 도착한 정수남이는 상전 보기가 무서워 뒤뜰 장독대의 빈 독으로 들어가 장독 뚜껑을 덮어썼다.

이때, 계집종 정술덕이가 저녁밥을 짓다가 간장을 뜨러 장독대로 나갔다. 장독 하나가 아래위로 불쑥불쑥 움직이고 있는 게 아닌가. 정수남이가 숨 쉴 적마다 머리에 쓴 장독 뚜껑이 불쑥거리는 것이었다.

"에구머니! 아가씨, 장독대에 변이 났습니다."

"그게 무슨 말이냐?"

"장독이 사람처럼 숨을 쉬고 있습니다요!"

자청비가 뒤창문을 열어보니, 과연 장독 하나가 불룩불룩하고 있는 것이다. 괴변이었다. 자청비는 큰소리로 꾸짖었다.

"귀신이냐 생인이냐? 귀신이어든 저승으로 오르고, 생인이어든 내 눈앞에 가까이 보여라."

자청비의 야단소리에 장독 뚜껑이 벗겨지더니 벌거벗은 정수남이가 불쑥 일어섰다.

"아가씨, 정수남이옵니다."

일어서는 서슬에 누리장나무 잎사귀가 떨어져 원수님이 벌떡 일어서 있었다. 거대한 물건을 본 정술덕이는 으아, 두 손으로 눈을 가리고, 자청비는 아랫도리를 외면하며 다시 큰소리로 꾸짖었다.

"이 누추한 놈아, 이게 무슨 꼬락서니냐!"

자청비의 꾸중에 정이엇긴 정수남이는 되는 대로 변명을 늘어놓았다.

"아가씨, 사실은 굴미굴산 올라가보니 하늘궁전 문 도련님이 신녀들 데리고 내려와 놀음놀이하고 계셨습니다. 정신 없이 구경하다보니 말과 소는 간 곳 없어지고, 웬 벼락 맞을

놈한테 옷마저 도둑맞아 이 꼴이 되었습니다."

'문 도령' 소리에 자청비는 정신이 번쩍 났다. 사랑에 눈먼 자청비를 속여 넘기는 것쯤이야 손쉬운 일이었다.

"정말 문 도령이 오셨더란 말이냐?"

"신녀들과 장구 치며 춤추며 노는 모습이 볼만합디다."

"나도 그곳에 갈 수 있겠느냐?"

"미천한 종도 가는데, 아가씨가 어찌 가지 못하겠습니까?"

"내 그곳에 갈 터이니, 너는 길 안내를 해다오."

"여부 있겠습니까, 아가씨."

그러면서 능청스런 정수남이는 길이 멀어 음식이 많이 필요하다면서, 상전 몫으로 메밀가루 다섯 되에 소금 다섯 줌을 놓아 범벅을 만들고 자기 몫으로는 소금을 넣는 둥 마는 둥 간을 맞추어 만들도록 요구했다.

"그리하마. 너는 내일 타고 갈 말 꼴이나 잘 줘라."

"예이."

아가씨 촛대 같은 허리나 안아보자

위기를 넘긴 정수남이는 새 옷으로 갈아입고 꼴 한 묶음을 말에게 던져주며,

"이놈의 말아, 이 꼴 잘 먹고 내일은 아가씨 태워 가자. 굴미굴산 들어가서 아가씨 촛대 같은 허리나 안아보자."

껄껄거렸다.

"네 방금 뭐라 했느냐?"

"이 말아, 이 꼴 잘 먹고 내일은 아가씨 태워 굴미굴산 올라가자. 문 도련님이 아가씨 촛대 같은 허리 안아 만단정회 나누는 거 구경하자, 이랬습죠."

그 말에 자청비는 살짝 얼굴을 붉히며 웃었다.

다음 날 자청비는 정이엇인 정수남이의 말대로 부산히 점심을 차려놓고 몸단장을 서두르며 말을 대령하라고 재촉했다.

정수남이는 말에 안장을 지울 때 소라 껍질 하나를 안장 밑에 놓아두고,

"아가씨, 말 대령했습니다. 어서 나오십시오!"

자청비를 불렀다. 자청비가 말에 오르자, 말은 등이 아파 피들락 뛰었다.

"이게 어쩐 일이냐?"

"오늘 굴미굴산 올라가면 아가씨야 문 도련님 만나 좋은 영화 누릴 테지만, 말한테야 무슨 기쁨이 있겠습니까? 그래서 화가 난 듯합니다요."

"어찌하면 좋겠느냐?"

"밥도 아홉 동이, 국도 아홉 동이, 술도 아홉 동이 차려놓

고, 석 자 오 치 말머리 수건하고 돼지머리를 차려놓아 말머리 고사를 지내야 성질을 죽일 것 같습니다."

"어서 그리하자."

문 도령을 만날 생각에 조급증이 난 자청비는 이번에도 쉬이 속아 넘어가고 말았다. 급히 음식을 마련하여 노둣돌 위에 벌여놓고 말머리 고사를 지냈다. 정수남이는 제를 지내는 척하다가 자청비 몰래 말 귀에 술을 수르르 들이부었다. 귓속에 술이 들어가니 말은 머리를 탁탁 털었다.

"아가씨, 이거 보십시오. 말도 배불리 많이 먹었다고 머리를 설레설레 흔듭니다. 말이 먹다 남은 음식은 마부만 먹습니다."

"그래, 너 다 먹어라."

정수남이는 혼자 앉아 밥이며 국이며 술을 말끔히 쓸어먹었다. 그만하니 배가 둥둥했다.

길 떠나길 재촉하며 자청비가 말에 오르자, 말이 또 와들랑와들랑 들러키었다. 여전히 안장 밑에 깔린 소라 껍데기가 등을 찌르는 탓이었다.

"아가씨, 할 수 없습니다. 이 점심을 대신 지웁소서. 제가 말을 타서 길을 들이겠습니다. 버릇 나쁜 망아지 안장 금 내는 일이야 쉰네 몫입지요."

도리 없이 자청비는 무거운 점심을 지고 길 떠날 수밖에 없었다. 정수남이는 안장을 잘 지우는 척하면서 소라 껍데기를 빼 던져버렸다. 말을 타고 첫 채를 놓으니, 말은 구름같이 10리 밖을 달려갔다.

짐이라고는 생전 져보지 않은 자청비였다. 무거운 점심을 지고 산길을 걷노라니 땀방울은 승방에 염주 지듯 다룩다룩 떨어진다. 치맛자락은 가시나무에 걸려 찢어지고, 등은 아프고, 발에는 물집이 생겨 터졌다. 그래도 꿈에 그리던 임을 보러 가는 길이 아니냐. 자청비는 헉헉 숨차게 산길을 걸어 올랐다. 먼저 한참을 간 정수남이를 쫓아가보니, 정수남이는 그새 말을 나뭇가지에 매어놓고 시원한 그늘에서 코를 골며 자고 있었다.

"인정사정없는 놈아! 내 말은 네가 타고, 네 짐은 내가 지고 오는데 태평스레 잠만 잘 수 있느냐!"

"말머리를 돌리려니 이놈의 말이 다시 성질을 부리지 뭡니까. 그래서 돌아가지 못했습니다요, 아가씨."

자청비는 기가 막혔다. 말해봐야 소용이 없음을 깨닫고,

"정이엇인 정수남아, 시장하여 더 걸을 수가 없구나. 점심이나 먹고 가자."

두 사람은 점심을 부려놓고 풀밭에 앉았다. 정수남이는 소금을 잔뜩 넣은 상전 점심은 자청비 앞에 놓고, 소금을 적게 넣어 맛있게 만든 범벅은 자기가 가져가서 먹었다.

"정이엇인 정수남아, 왜 따로 밥을 먹느냐?"

"아가씨 곁에서 밥을 먹다가 모르는 사람이 보면 부부간 인 줄 알지 않겠습니까."

정수남이는 아래쪽으로 달아나버린다. 자청비가 메밀범 벅을 꺼내 한입 베어 무니 목이 칼칼하게 짜서 먹을 수 없었 다. 가루 닷 되에 소금을 다섯 줌이나 넣었으니 짜지 않을 수 없는 것이다. 자청비는 멀리 떨어진 정수남이를 불렀다.

"정수남아, 네 점심 이리 가져와봐라. 좀 먹어보자."

"상전이 먹다 남은 건 종이 먹고, 종이 먹다 남은 건 개가 먹는 법입니다."

자청비는 더 말해볼 수도 없고, 그렇다고 그 범벅을 먹을 수도 없었다.

"그럼 이 점심까지 가져다 먹거라."

정수남이는 자청비 점심을 받아다가 짭짤한 찬으로 섞어 가며 두 사람 분을 깨끗이 쓸어 먹는 것이었다.

저놈한테 속았구나

자청비는 짠 범벅을 조금 먹었을 뿐인데도 목이 몹시 말 랐다.

"정이엇인 정수남아, 목이 몹시 마르구나. 어디 마실 물이 없겠느냐?"

"이쪽으로 한참 가다보면 연못이 있습니다."

가다보니 연못이 보였다. 자청비는 하도 반가워 냅다 달려들어 손으로 쥐어 먹으려 했다. 그러자 정수남이가 손을 내저으며 막는 것이었다.

"아가씨, 이 물은 손발을 적셔서 먹으면 물기가 마르는 대로 더 목이 마르는 물입니다."

"손과 발을 물에 적시지 않고 어떻게 물을 먹겠느냐?"

"제가 먹듯이 이렇게 먹으면 됩니다."

정수남이는 옷을 활딱 벗고 물가에 엎드렸다. 그러고는 길쭉한 원수님을 늘어뜨린 채 목마른 황소처럼 괄락괄락 물을 마셔대는 것이었다.

자청비는 할 수 없는 일이라 생각했다. 목이 이렇게 마른데 체면을 생각할 겨를이 없었다. 자청비도 정수남이처럼 옷을 홀랑 벗고 물가에 엎드리고는 하얀 엉덩이를 치켜들었다. 마치 살찐 암소가 물을 마시는 것 같았다.

자청비가 오래도록 물을 마시는 사이, 정수남이는 한손으로는 자청비가 벗어버린 열두 폭 홑단치마를 들어 머리 위로 빙빙 돌리고, 다른 한손으로는 돌멩이를 자청비 앞으로 퐁당 던졌다.

"아가씨, 그 물 아래를 보십시오! 그림자가 아리롱다리롱 곱지 아니합니까? 그게 하늘궁전 문 도련님이 신녀들 거느리고 놀음놀이하는 그림자입니다요."

이렇게 큰 소리로 외치는 것이었다. 자청비는 가슴이 덜컥했다.

'아이고, 내 일이야! 저놈한테 속았구나!'

자청비는 벌떡 일어났다. 잘못하다간 이 산중에서 저놈한테 꼭 죽을 것만 같은 생각이 들었다. 아무래도 정수남이를 잘 달래어 위기를 넘기는 도리밖에 없었다. 자청비는 부드럽게 말을 건넸다.

"정수남아, 어째서 이러느냐? 네 소원이 무엇이냐."

"아가씨, 그 은결 같은 손이나 한번 만져봅시다."

자청비의 옷을 다 벗겨놓은 정수남이는 꺼릴 게 없었다.

"정이엇인 정수남아, 여기서 내 손 만지는 것보다 집에 가서 내 토시 한 짝을 껴봐라. 그게 더 따뜻하고 좋다."

"젖통이나 만져봅시다."

"내 젖보다 내 방 연적이 더 곱고 부드럽다."

"그럼 입이나 한번 맞추어 봅시다."

"내 방에 꿀단지를 핥아보아라. 입 맞추는 것보다 더 달콤하다."

"그러면, 그 촛대 같은 허리나 한번 안아봅시다."

"내 허리 안는 것보다 향내 나는 내 베개를 안아봐라. 더 폭신하고 좋다."

자청비와 정수남이가 실랑이하듯 말을 주고받는 사이 해가 떨어지기 시작했다. 갑자기 한기가 살 속을 파고들었다. 자청비는 몸을 한껏 움츠리며 말했다.

"정이엇인 정수남아, 서산에 해가 지는구나. 너와 나 오늘 밤을 지새우려면 추위 막을 움막이라도 있어야 하지 않겠느냐?"

그 말에 정수남이는 입이 헤벌어졌다. 아가씨가 드디어 포기하고 자기와 함께 자겠다는 뜻으로 알아들은 것이다. 정수남이는 허겁지겁 주위를 돌아다니며 나무와 돌을 주워다 얼기설기 움막을 지었다. 제법 바람막이가 되었는데 돌담 구멍이 배롱배롱했다.

"정이엇인 정수남아. 집은 이만하면 훌륭하다만, 숭숭 뚫린 구멍으로 찬바람이 들이치는구나. 게다가 혹 누가 지나다 구멍으로 보기라도 한다면 어쩌겠느냐. 내가 안에서 불을 피우거든 너는 바깥에서 불빛이 새는 구멍들이나 막아놓고 자자."

정수남이는 이리저리 뛰어다니며 억새와 띠를 모아다 불빛 새는 구멍마다 부지런히 막아댔다. 자청비는 안에 앉아서 두 구멍을 막으면 세 구멍을 빼고, 다섯 구멍을 막으면 여섯 구멍을 빼곤 했다. 구멍은 아무리 막아봐도 끝이 없었다. 그러는 사이 흘끗이 먼동이 트기 시작했다.

그제야 속았음을 안 정수남이는 펄쩍펄쩍 뛰며 화를 냈다. 자청비는 또다시 달랬다.

"정이엇인 정수남아, 그리 화만 내지 말고 이리 와서 내 무릎이나 베어 누워라. 머릿니나 잡아주마."

정수남이는 폭신하고 향기로운 자청비의 무릎을 베고 누웠다. 정이엇인 정수남이의 정신이 아득해진다. 저도 몰래 두 손은 자청비 젖가슴에도 스리슬쩍 올라가려 하고, 아랫도리로도 스리슬쩍 들어가려 한다. 그때마다 자청비는 적당히 물리치며 이를 잡기 시작했다. 정수남이의 머리를 헤쳐 보니 마치 모래밭에 앉았던 개 꽁무니 같았다. 굵은 이는 장수로 살려두고, 작은 이는 군졸로 놓아두고, 중간 놈으로만 죽이는 듯 마는 듯 나긋나긋 이를 잡아가니, 밤새 구멍 막느라 고단해진 정수남이는 그만 잠이 스르르 들어버렸다.

잠이 든 정수남이의 얼굴을 한참 내려다보던 자청비는 모진 결심을 했다.

'이놈을 살려두었다가는 내가 죽게 마련이다.'

옆에는 마침 청미래덩굴이 벋어 있었다. 자청비는 그 덩굴을 꺾어 정수남이의 왼쪽 귀에서 오른쪽 귀까지 깊이 찔러댔다. 구름 산에 얼음 녹듯 정수남이는 귀에서 피를 흘리며 소리 없이 죽고 말았다.

말꼬리에 매달린 축사니

자청비는 곧 말에 올라타고 채찍을 놓았다. 아랫마을을 향해 한참 달리는데, 언덕 위에 홀로 우뚝 서 있는 백발의 신선과 마주쳤다.

"저기 가는 저 비바리, 바람 밑으로 지나가거라. 부정이 만만하다."

신선이 못마땅하다는 투로 중얼거리는 것이었다. 자청비는 얼른 말에서 내렸다.

"어인 말씀이오니까?"

"네 죄를 모른다 하겠느냐! 네 말꼬리를 보아라. 죽어도 죽지 못한 더벅머리 축사니가 유혈 낭자한 채 매달려 있지 않느냐!"

자청비가 자세히 살피니, 과연 귀기 서린 정수남이의 그림자가 말꼬리에 어른거리고 있는 게 아닌가. 자청비는 이를 어찌해야 할지 막막했다.

"네 오늘 사시에 그 귀신 때문에 절명하리라."

신선은 백발을 휘날리며 차갑게 말했다.

"아, 살려줍서. 살려줍서."

자청비가 양손을 모아 간곡하게 비니, 한참 만에야 신선이 말한다.

"깨끗한 물통에 목욕하고 옥추경을 세 번 외워라. 그리하면 축사니 혼이 새 되어 날아가리라."

그러면서 신선은 순식간에 사라졌는데, 서 있던 자리에는 낡은 경전 한 권이 남겨져 있었다. 자청비는 신선이 가르쳐 준 대로, 가다가 발견한 세 물통에 차례로 목욕하고 경문을 정성 들여 외웠다. 이윽고 말꼬리에 매달렸던 선혈 낭자한 축사니가 커다란 부엉새 같은 것으로 변해 날아갔다.

일단 귀신을 털어내긴 했으나 언제 다시 달려들어 동티를 낼지 모를 일이었다. 다시 말을 달려 집으로 들어갔다. 부모님부터 납득시켜야겠다고 생각한 것이다.

"아버지, 어머니. 여쭐 말씀이 있습니다."

"말해보거라."

"아이들이 말을 듣지 않으면 어떻게 하면 좋겠습니까?"

"달래야지."

"달래도 달래도 말을 듣지 않으면요?"

"욕해야지."

"욕하다 욕하다 힘겨울 땐 어떻게 합니까?"

"때려야지."

"때려도 때려도 되지 않을 때는요?"

"그거야, 죽여버리지."

자청비의 질문이 재미있는지, 자정국 대감부부는 웃으며 반농담조로 대답했다.

"아버지, 어머니. 정이엇인 정수남이가 행실이 불량해서 죽여두고 왔습니다."

예상치 못한 말에 대감 부부의 얼굴이 일그러졌다. 죽은 사연을 자세히 설명할 겨를도 없이 냅다 불호령이 떨어진다.

"그게 무슨 말이냐! 계집년이 사람을 죽이다니. 네년은 시집가버리면 그만이지만, 그 머슴 있으면 우리 두 늙은이 걱정 없이 먹여 살려주지 않겠느냐!"

"제가 있지 않습니까? 어머니, 아버지."

"네까짓 게 무엇을 할 수 있단 말이냐? 하루 콩 석 섬, 좁쌀 석 섬, 수숫대 닷 섬씩 갈 수 있겠느냐? 그런 머슴을 대체 어디서 구하겠느냐!"

"이 여식이 다 할 수 있습니다!"

자청비는 설움에 복받쳐 소리를 질렀다. 자정국 대감부부는 그럼 어디 보자고 일을 시켜보았다. 넓은 밭에 좁씨를 닷 말 닷 되 뿌려놓고, 그것들을 하나도 남김없이 주워 오라고 한 것이다. 자청비는 눈물로 다리를 놓으며 그 좁씨를 모조리 주워가는데, 마지막 한 알이 어디 갔는지 찾을 수 없었다. 이 구석 저 구석 찾다가 체념하려는 참인데, 웬 개미 한 마리가 그 좁씨 한 알을 물고 기어가고 있지 않은가.

"이 괘씸한 벌레야, 너마저 내 간장을 태우느냐!"

자청비는 좁씨를 빼앗으며 와싹 개미 허리를 후려쳤다. 이때부터 개미 허리가 잘록하니 가늘어지게 되었다.

자청비는 좁씨를 갖다 바쳤지만 이 일은 오히려 대감 부부의 의심만 사게 되었다.

"헛, 그 좁씨들을 한 방울도 빼지 않고 다 거두다니…….귀신 들리지 않고서야 할 수 없는 일이로다."

자청비는 머슴 정수남이를 죽여둔 채 이 부모 밑에서 살기는 어렵겠다고 생각했다.

서천꽃밭을 찾아가자

'서천꽃밭에 가면 죽은 사람도 살려놓는 꽃이 있다는데, 어떻게든 그 꽃밭에서 도환생꽃을 가져다 죽은 정수남이를 살려놓아야겠다.'

자청비는 곧 방으로 들어가 남자 의복으로 갈아입었다. 사람들 눈에 띄지 않으려면 오히려 남장이 편했다. 자청비는 말을 타고 정처 없는 길을 떠났다.

서천꽃밭이 어디인가. 저승도 아니요 천상도 아닌 그곳은 인간계로부터 멀리 떨어진 곳에 큰물을 건너면 나타난다고 했다. 군왕지지가 될 만큼 좋은 땅이며, 안개와도 같은 김이 항상 무럭무럭 솟고, 나비와 풍뎅이가 날아다니고, 함박만한 꽃들이 수없이 피어 있다는 곳.

자청비는 이 꽃밭을 처음 만들었다는 삼승할망에게 기원했다.

"삼승할망, 부디 바른길로 이끌어주십서."

그렇게 몇 날 며칠을 가다보니 어느 마을에 들어서게 되었다. 어린아이 둘이서 새 한 마리를 놓고 이리 당겼다 저리 당겼다 다투고 있었다.

"얘들아, 왜 그렇게 다투는 거냐?"

"이 부엉새를 내가 먼저 잡았는데, 저 애가 잡았다고 하잖아요."

아이들은 서로 자기가 먼저 잡았노라고 우겨대는 것이었다. 자세히 보니 그 새는 부엉새가 아니라 꿱새였다. 날갯죽지에 편지를 끼워 하늘과 땅을 오가며 사연을 전하다가 그만 아이들한테 잡힌 신세가 된 것이었다.

"그 새로 뭐 할 것인데?"

"요 큰물 건너 서천꽃밭에 갔다 줘야지요. 요사이 웬 부엉새가 서천꽃밭에 날아들어 쑥밭으로 만들어놓고 있다지 뭐예요. 그래서 꽃감관 어른께서 부엉새 잡아다 주면 큰돈을 주겠다고 했습니다.”

자청비는 가슴이 뜨끔했다. 축사니의 모습으로 말꼬리에 매달려 오던 정수남이가 생생하게 떠오른 것이다. 한 맺힌 정수남이가 부엉새로 변하여 날아갔지만, 공교롭게도 서천 꽃밭에 들어 동티를 내고 있는 게 틀림없었다.

자청비는 아무튼 서천꽃밭에 가까이 왔음을 알았다. 게다가 그 서천꽃밭에 들어갈 핑곗거리도 찾아낸 셈이었다.

“애들아, 그 새는 부엉새가 아니란다. 꿕새라는 것이지. 그러니 다투지 말고 그 새를 날 다오. 대신 내가 돈을 두 푼 줄 터이니 나눠 가지도록 하렴. 새는 한 마리, 돈은 두 푼, 어느게 좋겠니?”

“그야 돈 두 푼이 좋지요.”

각자 돈을 받자 아이들은 미련 없이 꿕새를 자청비한테 건넸다. 자청비는 꿕새를 어깨에 올려놓고 말했다.

“꿕새야, 나를 서천꽃밭으로 안내해라.”

꿕새는 날갯짓으로 꽃밭의 위치를 알려주었다. 자청비는 그 날갯짓을 따라 계속해서 말을 달렸다.

큰물을 지나고 안개 자욱한 곳에 이르렀다. 서천꽃밭에 당도한 것이다. 자청비는 꿕새를 하늘로 날려 보냈다.

자청비가 말을 탄 채 오랫동안 그 주변을 배회하고 있자, 수상히 여긴 꽃밭지기가 나왔다.

"어디 도령이시오?"

"길손이온데 마침 새 한 마리가 나는 것을 보고 화살을 날렸더니, 꽃밭으로 떨어졌습니다. 그래서 혹 화살이나 찾을 수 있을까 하던 중입니다만."

　화살로 새를 쏘았다는 말을 듣고 꽃밭지기는 이상한 생각이 들었다. 즉시 꽃감관 할락궁이한테 보고하니 할락궁이가 직접 나왔다.

"활솜씨가 훌륭하신 모양이오, 도령."

"그저 시위나 좀 당겨봤을 따름입지요."

　할락궁이는 남장한 자청비의 수려한 용모에 호감이 갔다.

"실은 요사이 밤중만 되면 이상한 부엉새 한 마리가 날아들어 꽃밭을 엉망으로 만들어놓고 있소이다. 그때마다 꽃밭지기도 하나씩 죽어가는데, 이러다간 꽃밭이 다 망해버리지 않을까 근심이오."

"고약한 부엉새로군."

"도령, 어떻소. 그 부엉새를 잡아주기만 한다면 우리 집 사위를 삼으리다."

　사위를 삼겠다는 말에 웃음이 나왔으나 자청비는 표정을 흐트러지지 않고,

"내 한번 그 부엉새를 쏘아보겠소이다."

정수남이의 혼령을 불러들이다

자청비는 귀빈으로 정중히 맞아들여졌다. 타고 온 말에게
도 은동이에 쌀죽이 주어졌다. 허기진 말은 왈탕발탕 쌀죽을
먹어댔다.

밤이 으슥해지자, 자청비는 슬쩍 꽃밭으로 나갔다. 옷을
홀홀 벗어던지고 노둣돌 위에 드러누워 정수남이의 혼령을
불렀다.

"정수남아, 정이엇인 정수남아. 부엉새 된 정수남아. 이리
날아오너라. 원(怨)진 내 가슴 위에 올라앉아보아라."

자청비는 떨리는 목소리로 여러 차례 혼령을 불렀다. 얼
마 후 저편 하늘에서 커다란 부엉새 한 마리가 슬피 울며 날
아와 자청비 젖가슴 위에 앉았다.

"설운 부엉새야, 정이엇인 정수남아, 내 배 위에도 앉아보
아라."

부엉새는 거친 날갯짓을 하며 자청비의 알몸을 이리저리
쓸었다. 자청비의 하얀 몸 여기저기 붉은 핏자국이 생겨났
다. 자청비는 부엉새를 오랫동안 쓰다듬어주었다.

"설운 부엉새야, 정이엇인 정수남아, 이제 원이 풀렸느냐."

자청비는 부엉이 두 다리를 꼭 잡고 화살 한 대로 귀를 길게 찔러 윗밭으로 던져놓았다.

그러고는 아무 일도 없는 듯 방으로 와 누워 있었다.

날이 새자 꽃감관 할락궁이가 자청비의 숙소로 찾아왔다.

"간밤에 부엉새 소리가 났는데, 어찌 말만 해놓고 쏘지 않았소?"

"저도 부엉이 소리를 들었소이다만, 몸이 하도 고단하여 누운 채로 화살 한 대를 놓았습니다. 맞았는지 어쨌는지 한 번 찾아나 보십시오."

꽃밭지기들이 꽃밭을 이리저리 찾아보니 과연 부엉새가 살에 맞아 떨어져 있었다. 할락궁이는 크게 기뻐하고 자청비를 막냇사위로 삼았다.

꽃감관 할락궁이의 막내딸과 신접살림이 시작되었다. 떠밀리듯 결혼이야 했지만 신랑이나 신부나 모두 여자인 걸 어찌하랴. 한 이불 속에 잠을 자도 손 한번 잡아보지 못한다. 이렇게 일주일이 돼가니 막내딸이 성화가 났다. 막내딸은 울먹이며 아버지 할락궁이한테 하소연하는 것이었다.

"아버지, 어찌 저렇게 도도한 사위를 하셨습니까? 일주일이 돼도 부부간이라고 봄사랑 한번 나누지 아니하니, 이럴 수가 있습니까?"

"이게 무슨 일일러냐!"

할락궁이는 곧 사위를 불러 사정을 물었다.

"꽃감관님, 제가 실은 과거를 보러 가던 중이라 몸 정성으로 그리한 것이니 염려하시 마십시오."

"그러면 그렇지."

자청비는 과거 보러 떠나기에 앞서, 부인을 앞세우고 서천꽃밭에 들어가 꽃구경을 했다.

"이것은 살이 살아오르는 꽃입니다. 요것은 피가 살아 오르는 꽃입니다. 저것은 뿌리기만 하면 죽은 사람이 살아나는 도환생꽃입니다."

서천꽃밭 막내딸은 하나하나 설명하며 꽃밭을 안내했다. 자청비는 따라가며 각종 꽃을 따서 가슴 안에 숨겨놓았다.

며칠 후 자청비는 과거 보러 간다며 부인과 작별을 하고 말을 몰았다. 정수남이 죽은 데로 달려가는 것이다.

정수남이가 죽었던 자리엔 잡초만 무성해 있었다. 잡초를 베어젖히고 살그랑한 뼈를 도리도리 모아놓았다. 뼈 살아나는 꽃, 살 살아나는 꽃, 도환생꽃을 위에 뿌려놓고 때죽나무 막대기로 세 번을 후려치니, 정수남이는 머리를 박박 긁으며 와들랑 일어나는 것이었다.

"허참, 봄잠이라 오래도 잤습니다. 아가씨, 어서 말을 타십시오. 집으로 가십시다."

자청비는 부모한테 머슴을 바쳤다.

"자식보다 더 아까운 종 정수남이를 살려 왔습니다."

이건 또 무슨 말이냐, 자정국 대감부부는 기가 막힐 따름이었다.

"계집년이 사람을 죽였다 살렸다 한다니, 정녕 해괴한 노릇이로고! 이런 년을 집에 두었다간 또 어떤 변고가 닥칠지 모르겠구나. 어서어서 이 집을 나가거라! 냉큼 나가거라!"

자청비는 눈물이 앞을 가렸다. 정수남이를 죽여도 살려도 부모 눈밖에 날 뿐이지 않은가. 이러고 어떻게 살아간단 말이냐. 자청비는 다시 집을 나와 한없이 걷고 또 걸었다. 부모로부터 무조건 사랑만 받던 어린 시절이 너무나 그리웠다. 또한 그 시절은 이제 영영 오지 않을 것이 그저 아쉽기만 했다.

'이제 오직 자청비로 살아야 한다.'

발길 닿는 대로 가다보니, 해는 서산에 기울고 먹장 같은 밤이 찾아들었다.

청태국할망의 수양딸

자청비는 더 갈 수 없어 길가에 주저앉아 한참을 울었다. 울다보니 어디선가 왈칵찰칵 베틀 소리가 들려왔다. 그것은 청태국할망이 비단을 짜는 소리였다. 자청비는 그 소리를 찾아 할망네 집으로 들어갔다.

"길가다 날이 어두워 들렀사온데, 하룻밤 머물 수 있겠습니까?"

"이렇게 예쁜 아기씨가 어찌 혼자서 밤길을 가느냐? 어서 들어오너라. 잠시 앉았으면 내 따뜻한 밥 한 그릇 지어주마."

청태국할망은 반가이 맞아들이고는 저녁을 해주려고 부엌으로 들어갔다. 자청비는 혼자 가만히 앉아 있기가 심심하여 할머니가 짜던 베틀에 올라앉아 비단을 짜기 시작했다. 그 솜씨는 할망보다도 훨씬 좋았다. 청태국할망이 저녁상을 들고 와 보고는 몇 번이고 칭찬하다가,

"보아하니, 집도 절도 없는 모양인데 내 수양딸로 드는 게 어떠냐?"

의지할 데 없는 자청비는 선택이고 말고가 없었다. 즉시 청태국할망의 수양딸이 되기로 했다.

일이라곤 비단을 짜는 것뿐이어서 자청비는 얼마간 평온한 나날을 보낼 수 있었다. 어느 날 자청비는 무엇에 쓸 비단

을 이렇게 많이 짜는가 하고 할망에게 물었다.

"중하늘 문성왕 아들 문 도령이 서수왕 따님에게 장가드
는 데, 폐백으로 쓸 비단이란다."

'문 도령'이라는 말에, 비단을 짜던 자청비는 눈물을 주룩
흘렸다. 내 그 문 도령 찾아다니다 버린 몸이 되었는데, 문
도령은 끝내 서수왕 딸에게 장가간다니 이 무슨 처량한 신
세인고.

비단 짜기는 얼마 후 마무리 단계에 이르렀다. 자청비는
비단 끄트머리에 '가령나다 가령비, 자청나다 자청비' 이렇
게 글자 무늬를 새겨 넣었다.

청태국할망이 비단을 가지고 가운데 하늘로 올라가니, 문
도령은 비단 끄트머리의 글자무늬를 보고 의아해했다.

"누가 짠 비단이오?"

"자청비라고, 제 수양딸이 짠 것이옵니다."

"뭐라고? 지금 자청비라 했소?"

문 도령이 자청비한테 관심을 보이자, 청태국할망은 지난
사정을 낱낱이 아뢰었다. 문 도령은 고개를 크게 끄덕이며
들었다. 그간 자청비를 까마득히 잊고 있던 문 도령은 그 아
리따운 모습을 다시 보고 싶은 생각이 간절했다.

"내일 오시에 자청비를 만나러 내려갈 터이니, 상면하게
해주시오."

"여부가 있겠습니까."

청태국할망은 이런 반가운 노릇이 없었다. 문 도령 하는 언행으로 보면 자청비와 대단한 연분이 있었음이 분명했다. 그렇다면 자칫 서수왕 따님을 물리고 자청비를 부인으로 맞이할 수도 있는 일이었다. 문 도령만 한 사윗감이 어디 있으랴. 꽃 같은 수양딸에, 하늘궁전 귀한 도령 사위라니. 생전에 적선을 많이 해서 그러나? 청태국할망은 늘그막에 복이 터지는구나 싶었다.

중하늘에서 내려오자 할망은 씨암탉을 잡는 등 문 도령 맞이할 준비에 분주했다.

문 도령은 청태국할망을 내려보낸 후, 자청비를 만날 생각을 하니 도저히 약속 시간까지 기다릴 수 없었다. 자청비 방에서 부모 몰래 사랑을 나누던 그 시절이 너무나 그리워진 것이다. 오시가 되기 훨씬 전, 문 도령은 훌떡 땅으로 내려와버렸다.

자청비가 베틀에 앉아 비단을 짜고 있는데, 창문에 낯선 그림자가 어른거렸다.

"자청비!"

"거기 누구 오셨습니까?"

"가운데 하늘 문성왕 아들 문 도령이노라. 이 문 열라."

문 도령님이 오셨구나! 자청비는 하도 반갑고 기쁜 김에 오히려 장난기가 동했다. 게다가 문 도령은 괘씸하게도 그간 자기를 까맣게 잊고 서수왕 따님아기한테 장가들려고 하지 않았는가.

"문 도령이시라면, 어디 창구멍으로 손가락을 내놓아보십시오."

문 도령이 의심 없이 손가락을 찔러 넣으니, 자청비는 웃으면서 바늘로 그 손가락을 콕 찔렀다. 문 도령은 손끝이 몹시 아팠다. 곧 손가락에서 자줏빛 피가 불긋 솟아났다.

"이 무슨 날벼락인가! 내 다닐 곳이 아니로구나."

화가 난 문 도령은 홱 돌아서 하늘로 올라가버리는 것이었다.

청태국할망이 점심상을 차려 방에 들어오니, 자청비는 뾰로통해서 쏘아붙이듯이 말한다.

"상 하나에 수저는 왜 둘씩이나 놓습니까?"

"자청비야, 문 도령은 어디 있느냐?

"아까 내 방으로 왔기에, 귀신인지 생인지, 문 도령인지 도적인지 몰라 바늘 코로 찔렀더니 가버렸습니다."

자초지종을 들어보고 청태국할망은 야단을 치기 시작했다.

"저리도 말괄량이니 부모 눈에도 거슬린 게지. 왜 쫓겨났는지 알 만하다. 꼴 보기도 싫으니 내 집에서 어서 나가거라!"

꽃다운 수양딸에 하늘궁전 문 도령 같은 귀한 사위를 맞아들일까 잔뜩 기대했던 차라, 청태국할망은 몹시 화가 났던 것이다.

자청비는 청태국할망 집에서도 쫓겨나니 정말 갈 곳이 없었다. 설움에 겨워 머리를 박박 깎아버린 자청비는 목탁을 두드리며 가가호호 쌀을 얻으러 돌아다니는 비구니 신세가 되었다.

자청비와 문 도령의 재회

어느 날이었다. 자청비가 시주를 받으러 한 마을에 들어서니 하늘궁전 신녀들이 주저앉아 처량하게 울고 있었다. 자청비가 다가가 물었다.

"어인 일로 그리 울고들 계시오?"

"스님, 자청비가 대체 누구이옵니까?"

한 신녀가 원망 섞인 목소리로 물어오자, 자청비는 가슴이 뜨끔했다.

"그게 무슨 말씀이온지?"

"저희는 중하늘 궁전 신녀들입니다. 왕자 문 도령님이 몹시 앓고 계신데, 자청비와 목욕하던 물통의 물을 마시면 낫

는다길래 땅에 내려왔습니다만, 여태 그 물을 찾지 못하고 있습니다."

"문 도령님이 왜 앓고 계신지요?"

"손가락에 난 상처가 아물지 않아 날핏내가 궁전을 진동하고, 몸은 날로 쇠약해지고 있습니다."

자청비는 가슴이 울렁거렸다. 전에 손가락을 바늘로 찌른 그 상처임이 분명했던 것이다. 원망을 담아 찔렀으니 그토록 오래가는 것이었다.

"내가 그 물을 알고 있습니다만……."

그 말에 신녀들의 눈이 희망으로 반짝였다.

"그 물을 가르쳐주시면 무슨 소원이든 들어드리겠습니다."

"소승은 하늘 구경이 소원이었습니다. 그 물을 떠주면 하늘에 오를 때 저도 함께 갈 수 있겠습니까?"

신녀들은 이 제의를 두고 한참이나 서로 의논을 했다. 달리 방법은 없었다. 어서 빨리 그 물을 떠다 먹여 문 도령의 건강을 회복시켜야 하는 것이다.

"그리하십시다."

자청비는 신녀들한테 거무 선생 서당을 나올 때 같이 목욕했던 물통의 물을 떠주었다. 신녀들이 먼저 하늘로 오르자, 잠시 후에 노각성자부줄이 내려왔다. 자청비는 그 줄을 타고 하늘로 올라갔다.

하늘궁전에는 이미 날이 저물고 있었다. 자청비가 물어물어 가운데 하늘 문 도령 궁전 밖에 이르렀을 때 엄청나게 둥근 보름달이 솟아올랐다.

자청비는 궁전 밖 큰 팽나무에 올라 궁전 안쪽을 들여다보았다. 궁내는 달빛을 담뿍 받아 교교했다. 마침 문 도령이 달구경을 하러 뜰에 나와 있었다. 신녀들이 떠온 물을 이미 마셨는지 건강이 그리 나빠 보이지는 않았다. 문 도령은 한참 달빛을 좇다가 무심코 가락을 읊조렸다.

"저 달이 곱기는 곱다마는 자청비만큼 곱지는 않구나."

자청비는 팽나무 위에서 재빨리 화답했다.

"저 달이 곱기는 곱다마는 문 도령 얼굴보다 고우랴."

깜짝 놀란 문 도령은 그 목소리를 곧 알아보았다.

"거기, 자청비 아니냐!"

문 도령은 얼른 궁 밖으로 나와 자청비를 얼싸안았다.

"자청비!"

"문 도련님!"

제 방으로 자청비를 데리고 들어간 문 도령은 오랜만에 길고도 깊은 사랑을 나누었다. 자청비는 바늘로 찔렀던 문 도령의 손가락을 따뜻하게 만져주었다.

문 도령은 아버지 문성왕이 알까 하여 자청비를 병풍 뒤에 숨기고 살았다. 그렇게 며칠이 흐르니 신녀들이 눈치를 챘다. 이제까지 몇 술 뜨는 둥 마는 둥하던 밥사발이 바닥 빈 채 나오고, 곱던 세숫물도 궂은 물이 되어 나오기 때문이다. 곧 문성왕에게도 알려질 게 뻔했다.

자청비는 문 도령에게 아예 문성왕의 허락을 맡도록 졸라 댔다. 그러면서 부모님께 이리저리 해보라고 문 도령을 시켰다.

문 도령은 자청비가 귀띔한 대로 문성왕 부처에게 가 말을 걸었다.

"아버지, 어머니. 수수께끼 하나 내드릴까요?"

"그래라."

"새 옷이 따스합니까? 묵은 옷이 따스합니까?"

"새 옷은 남 보기엔 좋지만 따습기는 묵은 옷만 못하다."

"새 간장이 답니까, 묵은 간장이 답니까?"

"달기는 묵은 간장이 달다."

"새사람이 좋습니까, 묵은 사람이 좋습니까?"

"새사람은 처음엔 잰 밤쥐 모양 이리 호록 저리 호록하지만, 오래 길들어 정든 사람만 못하다."

"그렇다면 아버지 어머니, 저는 서수왕 따님아기에게 장가들지 않겠습니다."

문성왕 부처는 문 도령 수수께끼의 뜻을 그제야 알아챘다.

"이런 발칙한 놈이 있나!"

숯불 구덩이의 칼날 위를 걸어라

문 도령이 정혼한 아가씨를 놔둔 채 다른 여자와 정을 통한다는 사실이 밝혀지자 하늘에 난리가 났다. 무엇보다 서수왕한테 면목이 서지 않게 된 문성왕은 묘책을 냈다. 자청비가 선뜻 해결하기 어려운 과제를 내기로 한 것이다.

"내 며느리 될 자는 쉰 자 구덩이를 파놓고, 거기 숯 쉰 섬을 묻어 불을 피워놓고, 그 불 위에 작두를 걸어, 그 칼날 위를 타 나가고 타 들어올 수 있어야 하느니라!"

자청비는 가슴이 떨렸다. 사람인 자기가 어찌 그런 무시무시한 관문을 통과할 수 있단 말인가.

즉시 쉰 자 구덩이를 파고, 숯 쉰 섬에 불을 피워 쉰다섯 자 작두를 걸어놓았다. 문성왕의 호령이 터진다.

"며느릿감은 얼른 나와 작두를 타라!"

숯불이 타올라 칼날 밑이 벌겋게 달아오르기 시작했다. 자청비는 불끈 용기를 냈다. 오직 문 도령을 찾아 여기까지 이르지 않았는가. 죽기를 각오하고 작두 위에 올라서야 한다. 그러나 벌겋게 달은 숯불과 번질번질 칼 선 다리 앞에 서자 자청비의 눈에서는 절로 눈물이 주르륵 떨어졌다.

자청비는 천지왕에게 간절히 기원했다.

"천지왕이시여, 나를 살리려거든 비를 내려주시고 나를

죽이려거든 미친 바람을 불러주십시오."

물명주 속옷에 대홍대단 검은 치마를 입고, 코제비 버선을 신은 자청비가 눈을 감고 칼 선 다리 위로 올라섰다. 한 발짝 두 발짝 아슬아슬하게 칼날 위로 걸어나갔다. 다들 몇 발 못 가 숯불에 떨어져 타 죽으리라 생각하는데, 갑자기 먹구름이 몰려들더니 이내 장대 같은 소낙비가 내리기 시작했다.

오, 가는 빗살이여! 굵은 빗살이여!

내리는 비를 맞으며 자청비는 쉰다섯 자 칼 위를 왔다 갔다 삶과 죽음의 경계를 넘나들었다.

"아, 아!"

조마조마하게 구경하던 많은 이들의 입에서 감탄이 터져 나왔다.

어느덧 숯불은 꺼지고 칼날도 식어갔다. 자청비가 작두 끄트머리에서 내리려고 한 발을 땅에 디딘 순간이었다. 긴장이 풀렸는지 아직 작두를 디디고 있던 발뒤꿈치가 살짝 베어졌다. 자줏빛 피가 불끗 솟아올랐다. 자청비는 속치마자락으로 뒤꿈치를 얼른 닦았다. 속치마가 벌겋게 더러워졌다. 아래로 내려서자 문성왕 부처가 달려들어 자청비를 얼싸안았다.

"세상에 이런 아기씨가 어디 있으랴! 우리 며느릿감이 분명하다!"

"황송하옵니다."

"그런데 어쩐 일로 속치마는 더러워졌느냐?"

"어머님, 아버님. 저도 이 세상에 태어난 보람을 하나 남기겠습니다."

이 피로 자청비는 비로소 한 인간이 된 것이다. 자청비 이후로 여자아이들은 열다섯 전후가 되면 다달이 몸엣것이 오게 되었다.

한스럽게 죽은 서수왕 따님아기

서수왕 따님아기와의 정혼은 깨졌다. 혼인 예장을 돌려받자, 서수왕 따님아기는 열이 치밀어 올랐다. 막편지를 싹싹 비벼 불을 붙인 후 재를 한 사발 물에 타 마셔버렸다. 그러고는 방문을 꽁꽁 잠근 채 드러누웠다. 아무리 달래고 타일러도 결코 문을 열어주지 않았다.

100일이 지나 방문을 겨우 부수고 보니, 서수왕 따님아기는 새의 몸으로 환생하는 중이었다. 머리로는 두통새가 나오고, 눈으로는 흘긋새가 나오고, 코로는 악숨새가 나오고, 입으로는 정을 이간시키는 해말림새가 나오고 있었다.

그 후 다정한 부부간에도 이 새가 들면 살림이 분산되곤
했다. 결혼 잔치할 때 신부가 상을 받으면 맨 먼저 음식을 조
금씩 떠서 상 밑으로 놓는 것도 다 서수왕 따님아기를 대접
하고 달래기 위한 것이다.

자청비와 문 도령은 호화로운 가례를 올렸다. 이날 밤에
자청비는 그간의 실력을 다해 문성왕의 관복을 지어 올렸다.
관복을 풀어 본새를 보니 등허리에는 봉황새 수를 놓았고
아래 옷자락에는 연꽃무늬를 아로새겨놓았다. 양쪽 주머니
에도 수를 놓았는데, 왼쪽은 소나무 오른쪽은 잣나무였다.
"아가, 등허리에 봉황새를 수놓은 것은 무슨 뜻이냐?"
"봉황새는 상서롭고 고귀한 뜻을 지녔으니, 중하늘 임금
이신 아버님의 높은 지체를 기리기 합당하기로 그린 것입
니다."
"아래 옷자락에 연꽃무늬를 놓은 것은 무슨 뜻이냐?"
"아무리 궂은 뻘 물속에서도 연꽃은 아름답게 피어납지요."
"소나무와 잣나무는 왜 있는 것이냐?"
"소나무와 잣나무는 겨울이 없고 언제나 싱싱합니다. 그
러니 아버님 만수무강하시라는 뜻입니다."
자청비가 또릿또릿하게 대답하니 모두 감탄했다. 하늘궁
전에서는 자청비가 영리하고 착하다는 칭찬이 자자했다. 자

청비는 너무나 행복했다.

어느 날 문득 자청비는 서천꽃밭의 막내딸 생각이 났다. 과거 보러 간다고 나온 후 아무 소식도 전하지 않았으니, 지금도 남편이 돌아올 때만 기다리고 있을 게 분명했다. 서수왕 따님아기의 슬픔을 목격한 자청비가 아닌가. 또 한 여자를 억울하게 박대할 수는 없는 일이었다.

자청비는 문 도령에게 지난 사실을 소상히 말하며 이렇게 부탁했다.

"당신이 나 대신 남편인 척하여 가서 거기서 보름을 살고, 다시 나한테 와서 보름을 살아주십시오."

바람둥이 문 도령으로서야 마다할 이유가 없었다. 문 도령은 기꺼이 서천꽃밭으로 찾아갔다. 그러나 서천꽃밭 꽃감관 할락궁이와 막내딸은 불쑥 나타난 낯선 이를 보고 고개를 갸우뚱했다.

"어째서 얼굴이 전 같지 않습니까?"

이 물음에 문 도령은 자청비가 시킨 대로 대답했다.

"과거를 본 후 갑자기 아버지가 돌아가시는 바람에 삼년상을 치러야 했습니다. 게다가 삼년상 후 이 몸에도 병이 들어 석 달 열흘간이나 앓다보니 이렇게 변해버린 것입니다."

사정 이야기를 들은 꽃감관과 막내딸은 그럴 수 있으려니

믿고 문 도령을 위로했다. 아무튼 오랫동안 기다리던 사위요 남편이었다. 문 도령은 서천꽃밭 식구들의 따뜻한 환영을 받았다.

서천꽃밭 막내딸과의 살림은 너무나 달콤했다. 아리땁고 순종적인데다 야들야들 부드러운 몸이 자청비와 또 맛이 달랐던 것이다. 문 도령과 막내딸은 틈만 나면 서천꽃밭 꽃구경을 나갔다. 막내딸은 이 꽃은 무슨 꽃, 저 꽃은 무슨 꽃…… 설명 자체가 즐거운 듯이 문 도령을 구석구석 안내했다.

바람둥이 문 도령은 자청비를 잊어버렸다. 보름만 살고 오겠다던 문 도령은 한 달이 넘고 두 달이 넘어도 돌아올 줄 몰랐다.

기다리다 지친 자청비는 한숨만 내쉬었다.

'이 남자라는 게, 가면 간 데 마음이요 오면 온 데 마음이로구나.'

원망의 편지 한 장을 꿕새 날개에 끼워 서천꽃밭으로 보냈다.

'날 생각하지 말고 그곳에서 백년해로하십시오.'

꿕새가 떨어뜨린 편지를 보고서야 문 도령은 정신이 번쩍 들었다.

'아처불따! 그새 또 자청비를 잊었구나!'

자청비의 무서운 얼굴이 떠올랐다. 문 도령은 서천꽃밭 막내딸에게 되는 대로 말하고 길을 떠나기로 했다.

"하늘궁전에서 귀인이 부르니 잠시 다녀오리다."

사정을 모르는 막내딸은 남편이 귀인을 만난다니 서천꽃밭의 각종 꽃들을 보따리에 싸서 선물로 주었다. 문 도령은 급히 관을 쓴다는 게 행전을 둘러쓰고, 두루마기는 한 어깨에만 걸친 채 말에 올라 채찍을 놓았다. 하도 서두느라 말안장마저 거꾸로 지워놓았으니 문 도령은 뒤로 돌아앉아 하늘궁전에 돌아왔던 것이다.

반가이 마중나간 자청비는 문 도령이 말을 거꾸로 타고 오는 것을 보았다. 마음은 서천꽃밭에 두고 몸만 어쩌지 못해 오는 모양새였다.

'다시는 서천꽃밭으로 보내지 않으리라.'

자청비는 모질게 마음먹었다.

서하늘궁전의 음모

세월이 또 얼마간 흘렀다. 자청비네 살림이 하도 아기자기하니, 하늘궁전에는 시기하는 무리가 생겨났다. 서수왕 따넘아기의 오라비들이 한스럽게 죽은 누이를 위한 복수를 꾀하게 된 것이다. 오라비들은 문 도령을 죽이고 자청비를 푸대쌈하기로 모의했다.

이들은 서하늘궁전에 잔치를 열고 문 도령을 초대했다.

자청비는 이 초대에 음모가 숨어 있다는 것을 눈치 챘다. 그녀는 문 도령 가슴에 솜을 한 뭉치 넣어두고, 신녀들이 술을 권하거든 먹는 체하면서 거기에 부어버리도록 당부했다.

문 도령이 서하늘궁전에 도착하자, 아리따운 신녀들이 둘러싸고 너도나도 술을 권했다. 문 도령은 마시는 체하며 턱 밑으로 술을 부어놓으니, 아무리 마셔도 정신은 말짱했다.

오라비들은 엄청나게 술을 마셨으니 틀림없이 죽으리라 여기고 떠밀듯 문 도령을 환송했다. 문 도령이 서하늘궁전에서 죽어버리면 일이 자못 복잡해질 수 있기 때문이었다. 오라비들이 문 도령의 뒤를 쫓으며 이제나 죽나 저제나 죽나 기다리는데, 예상과 달리 문 도령은 흐트러짐 없이 말을 모는 것이었다.

'아직 술이 모자란가?'

오라비들은 급히 술 파는 외눈할망을 불러 여차저차 지시했다. 돈을 두둑이 받은 외눈할망은 호리병을 들고 문 도령이 지나칠 곳에 미리 가 기다렸다. 문 도령이 탄 말이 나타나자 외눈할망이 일부러 그 앞에 픽 쓰러졌다.

"뉘시오?"

외눈할망은 배고파 달달 떠는 시늉을 했다.

"도련님, 한 푼 적선하시오. 이 할망 파는 술을 사 마시는
이가 없어 굶어 죽을 지경이외다."

외눈할망의 초라한 행색을 보니 문 도령은 가련한 생각이
들었다. 말 위에서 술값 한 푼을 던지고, 할망이 건네는 술
한잔을 받아먹었다. 가던 길을 계속 가려던 문 도령은 갑자
기 아찔하여 말에서 툭 떨어졌다. 독을 탄 술이었던 것이다.

'죽었다!'

오라비들은 쾌재를 올렸다.

오래도록 남편이 돌아오지 않자, 자청비는 일이 잘못되었
다고 판단했다. 급히 말을 몰아 서하늘궁전 가는 길로 달렸
다. 얼마 후 길에 쓰러져 죽은 문 도령을 발견할 수 있었다.
자청비는 남편의 시체를 업어왔다. 그러고는 시체에 이불을
덮어놓고 앞으로의 일을 생각했다. 빨리 대책을 세워놓지 않
으면 안 되었다. 자청비는 바깥에 나가 매미와 등에를 많이
잡아왔다. 그것들을 실로 묶고 옷걸이 못마다 주렁주렁 걸어
놓았다.

이튿날 서하늘궁전에서 오라비들이 자청비를 푸대쌈하려
고 우르르 몰려들었다. 오라비들은 일부러 죽은 문 도령부터

찾았다.

"문 도령은 어디 갔소?"

자청비는 베틀에 앉은 채로 태연히 대답했다.

"엊저녁 술이 과하여 주무십니다."

이 말을 들은 오라비들이 서로 얼굴을 쳐다보았다. 오라비 하나가 문 도령 방 앞에 가 기웃거렸다. 과연 문 도령이 죽기는커녕 콧소리를 내며 자고 있는 게 아닌가. 매미와 등에가 일제히 울어대니 코고는 소리로 들렸던 것이다.

'허, 그놈 보기와 달리 장사로군. 독주를 마셔도 아무렇지도 않다니.'

자청비가 다시 입을 열었다.

"먼 길 오느라 시장들 하시겠소. 이왕 오셨으니 여기 앉아 수제비나 잡숫고 가시오."

자청비는 선반에서 무쇠방석들을 내려놓았다. 오라비들은 무거워서 들지도 못했다. 그사이 자청비는 함지박에 쇠로 만든 수제비를 가득 떠다 주었다. 오라비들이 수제비를 떠먹었더니 이빨이 와지끈와지끈 부러졌다. 자청비는 수제비 가운데 몇 점 넣어둔 진짜 수제비를 슬쩍슬쩍 골라내 맛있게 먹었다. 새파랗게 질린 오라비들은 서로 눈치를 보다 일제히 달아나고 말았다.

푸대쌈은 모면이 되었다. 그러나 죽어버린 남편을 어찌할

꼬. 자청비는 눈물을 쏟으며 문 도령의 행장을 정리하기 시작했다. 정리하다보니 이게 웬일인가, 남편 방에서 서천꽃밭의 갖은 꽃들을 싼 보따리가 나왔던 것이다. 자청비는 곧 전후사정을 알아챘다.

'서천꽃밭 막내딸이 보낸 선물이로구나!'

귀인을 만난다 하니 선물로 보낸 것인데 문 도령은 그 사실도 잊고 있었던 것이다.

'이 남자라는 게, 가면 간 데 마음이요 오면 온 데 마음이로구나.'

자청비는 가슴을 쳤다. 그러나 서천꽃밭 막내딸의 고운 마음을 봐서라도 문 도령을 살려야 했다. 자청비는 죽은 문 도령 가슴 위에 도환생꽃들을 올려놓고 회초리를 내리쳤다. 문 도령이 부스스 자리에서 일어난다.

"어휴, 봄잠이라 너무 잤구려."

하늘의 난리를 평정하다

이 무렵 하늘에 큰 사변이 일어났다. 동수왕이 서수왕을 치고, 서수왕은 문성왕을 치고, 문성왕은 동수왕을 치니, 세 하늘 간의 어지러운 세력 다툼이었다. 이 때문에 한동안 휴식을 취하던 천지왕은 갑자기 바빠졌다. 천지왕은 천상천하에 방을 놓았다.

"이 난을 평정하는 자에게 땅 한 조각 물 한 적을 갈라 주리라."

자청비는 천지왕 앞에 나아갔다. 지난날 숯불 위의 칼 선다리를 건너며 삶과 죽음의 경계를 오갈 때 단비를 내려주었던 은혜에 보답하고자 함이었다.

"미천한 소녀, 이 난을 막아보겠사옵니다."

"오, 자청비야. 너를 믿어보리라."

갑옷을 차려입은 자청비는 서천꽃밭 수레멜망악심꽃을 가지고 전장에 나갔다. 싸움판에서는 수십만 군사가 한데 얽혀 칼을 받고 활을 쏘며 치열한 전투가 벌어지고 있었다. 자청비는 동서남북으로 종횡무진 말을 몰며 칼을 휘둘렀다. 수십만 군사들이 우왕좌왕했다. 서수왕이 동수왕을 치고, 동수왕은 문성왕을 치고, 문성왕은 서수왕을 치니, 누가 적이고 누가 아군인지 군사들도 알 수 없을 지경이었다. 자청비는 이때 수레멜망악심꽃을 내놓고 좌우사방으로 뿌려댔다. 수십만 군사가 한꺼번에 건삼밭에 늙은 삼 쓰러지듯 즐비하게 나자빠졌다. 하늘의 난리는 일거에 수습되었다.

천지왕은 크게 기뻐하여 자청비한테 땅 한 조각 물 한 적을 내주려 했다. 자청비는 이 후한 제의를 사양했다. 땅 한

조각 물 한 적이 있으면 불가불 땅 두 조각 물 두 적이 필요
해질 터였다. 그것은 곧 지배와 불화를 예고하는 것이었다.

오곡의 씨앗이나 내리옵소서

"제게 주실 것이 있으면 오곡의 씨앗이나 내려주옵소서."

천지왕은 흔쾌히 자청비의 청을 들어주었다.

"자청비한테 씨앗을 내릴 터인즉, 땅에 내려가 농사신이
되어라."

천지왕이 오곡의 씨앗을 내주니 자청비는 문 도령과 더불
어 인간세상으로 내려왔다. 7월 보름날이었다. 천지왕은 이
날을 기념하여 7월 보름에 백종제(百種祭)를 지내게 했다.

자청비와 문 도령이 막 인간세상에 내려섰을 때, 새끼를
낳아버린 개 허리 모양으로 배가 고파 허청허청 걸어가는
사람을 보았다. 정이엇인 정수남이었다. 정수남이가 자청비
를 발견하고 목쉰 소리로 외친다.

"아이고, 아가씨! 이게 어인 일입니까! 큰 상전님넨 죽어
저세상 가시고, 나는 갈 데 없어 이 모양이 되었습니다. 시장
기가 한이 없으니 제발 요기나 시켜주십시오!"

정수남이는 밥부터 먹여달라 사정했다.

"저 밭을 보아라. 머슴 아홉에 소 아홉 마리를 거느리고 밭을 가는 데가 있지 않느냐? 거기 가서 점심이나 달라 해보아라."

정수남이가 그 밭에 가서 사정을 했더니 밥은커녕 욕만 들이 해대는 것이었다. 자청비는 마음씀씀이가 고약하다며 머슴 아홉엔 급증을 부르고, 소 아홉엔 질병을 불러 대흉년이 들도록 해버렸다.

자청비는 정수남이에게 다른 밭을 가리켰다.

"저 밭에 가보아라. 두 늙은이가 쟁기도 없이 호미로 긁어 농사를 하고 있잖느냐. 거기 가서 얻어먹어보아라."

정수남이가 그 밭에 가 사정을 했더니, 늙은이들은 저희 먹을 밥을 기꺼이 내어 대접했다. 자청비는 그 마음씨가 곱다 하여 호미농사를 지어도 대풍년이 들도록 해주었다.

자청비가 오곡씨를 뿌리다보니 씨앗 한 가지를 잊어버린 것을 뒤늦게 알았다. 다시 하늘궁전에 올라가 씨를 받아왔을 때는 이미 파종시기가 늦어 있었다. 그래도 그 씨앗을 뿌렸더니 다른 곡식과 같이 가을에 거둬들이게 되었다. 이것이 메밀씨였다.

이렇게 하여 자청비와 문 도령은 농신(農神)인 세경신이 되고, 정수남이는 목축신이 되었다. 목축신 정수남이는 많은 목자를 거느리고 마소를 치며, 7월에 마불림제를 받아먹게 되었다. 사람들은 자청비를 상세경, 문 도령을 중세경, 정수 남이를 하세경이라고 구분하기도 했는데, 농사지을 때면 이 세경신들을 한데 불러 생산과 풍요를 기원했다.

　　세경신님 하늘님아

　　서수왕 따님아기

　　문성왕네 문 도령한테

　　시집 못 가고 살림 못 살아

　　천천이 원한 지어 새로 환생

　　금시상 인간에 나리고

　　액수액년 부족하여

　　신병을 줍니다.

　　이런 것도 없이 해줍서.

　　세경신님 하늘님아

　　나락에는 물서금 없이 해줍서.

　　콩에랑 애깃똥지미 없이 해줍서.

　　팥에랑 제줌재기 없이 해줍서.

　　녹두에랑 물마리 없이 해줍서.

　　목화에랑 제달깃똥 없이 해줍서.

　　깨에랑 독다구리 없이 해줍서.

나물에랑 멸구 없이 해줍서.

원두오이에랑 송동이 없이 해줍서.

감자에랑 굼벵이 없이 해줍서.

세경신님 하눌님아

소엘랑 날쌘 송아지 내세웁서.

말엘랑 청가라말 내세웁서.

세경신님 하눌님아

모든 게 없는 게 없이

온 집안이

풍족하게 해줍서.

프랑스엔 〈크세주〉, 일본엔 〈이와나미 문고〉, 한국에는 〈살림지식총서〉가 있습니다.

🔲 전자책 | 🔊 큰글자 | 🔈 오디오북

제주 신화 1

| 펴낸날 | 초판 1쇄 2016년 4월 30일 |
| | 초판 2쇄 2021년 2월 1일 |

엮은이	이석범
펴낸이	심만수
펴낸곳	(주)살림출판사
출판등록	1989년 11월 1일 제9-210호

주소	경기도 파주시 광인사길 30
전화	031-955-1350 팩스 031-624-1356
홈페이지	http://www.sallimbooks.com
이메일	book@sallimbooks.com

| ISBN | 978-89-522-3367-7 04080 |
| | 978-89-522-0096-9 04080(세트) |

이 도서의 국립중앙도서관 출판시도서목록(CIP)은 서지정보유통지원시스템 홈페이지
(http://seoji.nl.go.kr)와 국가자료공동목록시스템(http://www.nl.go.kr/kolisnet)에서
이용하실 수 있습니다.(CIP제어번호: CIP2016010551)

376 좋은 문장 나쁜 문장   eBook

송준호(우석대 문예창작학과 교수)

어떻게 좋은 문장을 쓸 수 있을 것인가? 우선 좋은 문장이 무엇이고 그렇지 못한 문장은 무엇인지 알아야 할 것이다. 대학에서 글쓰기 강의를 오랫동안 해 온 저자가 수업을 통해 얻은 풍부한 사례를 바탕으로 문장교육을 제대로 받지 못한 독자들에게 좋은 문장으로 가는 길을 제시하고 있다.

051 알베르 카뮈   eBook

유기환(한국외대 불어과 교수)

알제리에서 태어난 프랑스인, 파리의 이방인 알베르 카뮈에 대한 충실한 입문서. 프랑스 지성계에 혜성처럼 등장한 카뮈의 목소리는 늘 찬사와 소외를 동시에 불러왔다. 그 찬사와 소외의 이유, 그리고 카뮈의 문학, 사상, 인생의 이해와, 아울러 실존주의, 마르크스주의 등 20세기를 장식한 거대담론의 이해를 돕는 책.

052 프란츠 카프카   eBook

편영수(전주대 독문과 교수)

난해한 글쓰기와 상상력으로 문학사에 커다란 발자취를 남긴 카프카에 관한 평전. 잠언에서 중편 소설 「변신」 그리고 장편 소설 『실종자』와 『소송』 그리고 『성』에 이르기까지 카프카의 거의 모든 작품에 대한 해석을 담고 있다. 또한 이 책은 카프카의 잠언과 노자의 핵심어인 도(道)의 연관성을 추적하는 등 새로운 관점도 보여 준다.

271 김수영, 혹은 시적 양심   eBook

이은정(한신대 교양학부 교수)

힘과 새로움으로 가득 차 있는 김수영의 시 세계. 그 힘과 새로움의 근원을 알아보고 지금까지와는 다른 새로운 독법으로 그의 시 세계를 살펴본다. 그와 그의 시에 대해 깊은 애정을 가진 저자는 김수영의 이해를 위한 충실한 안내자 역할을 자처한다. 김수영의 시 세계를 향해 한 발 더 들어가 보고자 하는 독자들에게 유익한 책이다.

369 도스토예프스키 eBook

박영은(한양대학교 HK 연구교수)

『카라마조프가의 형제들』과 『죄와 벌』로 유명한 러시아의 대문호 도스토예프스키. 그의 작품에 등장하는 생생한 인물들은 모두 그의 힘들었던 삶의 경험과 맞닿아 있다. 한 편의 소설 같은 삶을 살았으며, 삶이 곧 소설이었던 작가 도스토예프스키의 생의 한가운데 서서 그 질곡과 영광의 순간이 작품에 어떻게 드러나는지를 살펴본다.

245 사르트르 참여문학론 eBook

변광배(한국외대 불어과 강사)

사르트르의 『문학이란 무엇인가』에서 전개된 참여문학론을 소개하면서 억압받는 자들을 위한다는 기치를 높이 들었던 참여문학론의 의미를 성찰한다. 참여문학론의 핵심을 이루는 타자를 위한 문학은 자기 구원의 메커니즘에 문제가 생겼을 때 이 문제를 해결하고, 그 메커니즘을 보충하는 이차적이고도 보조적인 문학론이라고 말한다.

338 번역이란 무엇인가 eBook

이향(통역사)

번역에 대한 관심이 날로 늘어 가고 있다. 추상적이거나 어렵게 느껴지는 번역 이론들, 그리고 쉽게 읽히지만 번역의 전체 그림을 바라보기에는 부족하게 느껴지는 후일담들 사이에 다리를 놓는 이 책은 번역의 이론과 실제를 동시에 접하여 번역의 큰 그림을 그리고자 하는 독자들에게 안성맞춤이다.

446 갈매나무의 시인, 백석 eBook

이숭원(서울여대 국문과 교수)

남북분단 이후 북에 남았지만, 그를 기리는 많은 이들의 노력으로 백석은 현재 우리나라에서 가장 주목받는 시인 중 한 사람이다. 이 책은 시인을 이해하는 많은 방법 중 '작품'을 통해 다가가기를 선택한 결과물이다. 음식 냄새 가득한 큰집의 정경에서부터 '흰 바람벽'이 오가던 낯선 땅 어느 골방에 이르기까지, 굳이 시인의 이력을 들춰보지 않더라도 그의 발자취가 충분히 뚜렷하다.

053 버지니아 울프 살아남은 여성 예술가의 초상   eBook

김희정(서울시립대 강의전담교수)

자신만의 독창적인 글쓰기 방식을 남기고 여성작가로 살아남는다는 것이 어떤 의미를 갖는지를 보여 준 버지니아 울프와 그녀의 작품세계에 관한 평전. 작가의 생애와 작품이 어우러지는 지점들을 추적하는 방식으로, 모더니즘 기법으로 치장된 울프의 언어 저변에 숨겨진 '여자이기에' 쉽게 동감할 수 있는 메시지들을 해명한다.

018 추리소설의 세계

정규웅(전 중앙일보 문화부장)

추리소설의 역사는 오이디푸스 이야기까지 거슬러 올라간다. 저자는 고전적 정통 기법에서부터 탐정의 시대를 지나 현대에 이르기까지 추리소설의 역사와 계보를 많은 사례를 들어 재미있게 설명하고 있다. 추리소설의 'A에서 Z까지', 누구나 그 추리의 세계로 쉽게 빠져들게 하는 책이다.

199 디지털 게임 스토리텔링   eBook

한혜원(이화여대 디지털미디어학부 교수)

디지털 시대의 새로운 이야기 양식을 소개한 책. 디지털 패러다임의 중심부에 게임이 있다. 이 책은 디지털 게임의 메커니즘을 이야기 진화의 한 단계로서 설명한다. 게임의 역사에 있어서 중요한 패러다임의 변화, 게임이라는 새로운 지평에서 펼쳐지는 새로운 이야기 양식에 대한 분석 등이 흥미롭게 소개된다.

326 SF의 법칙

고장원(CJ미디어 콘텐츠개발국 국장)

과학의 시대다. 소설은 물론이거니와 영화, 애니메이션, 만화, 게임 등 온갖 형태의 콘텐츠가 SF 장르에 손대고 있다. 하지만 SF 콘텐츠가 각광을 받고 있는 것에 비해 이 장르에 대한 깊이 있는 이해를 도울 만한 마땅한 가이드북이 존재하지 않는다. 이 책은 이러한 아쉬움을 채워주기 위한 작은 출발점이 될 것이다.

eBook 표시가 되어있는 도서는 전자책으로 구매가 가능합니다.

㈜살림출판사

www.sallimbooks.com

주소 경기도 파주시 문발동 522-1 | 전화 031-955-1350 | 팩스 031-955-1355